# らく〜に生きていいんだよ

# WATARASE
## Vol.4
——わたらせ——

大森和代
Kazuyo Omori

たま出版

# プロローグ

## ある女の子の身に起きた奇跡

二〇一一年十月に岩手県でおこなわれた講演会の終了後、しばらくして主催団体の事務所に一本の電話が入りました。電話をされた方は、講演会にご家族で参加された小学生の女の子のおばあさんです。「奇跡が起こったんです」と感極まった様子で話し始められたそうです。

その女の子は、昨年五月に数え切れないほどの悪性の細胞が見つかり、骨髄性白血病と病院で診断されました。ご家族は、彼女の死を覚悟されたそうです。

途方に暮れていたある日、私の出演する講演会が開催されることを耳にされました。そこで、女の子とお母さん、おじいさん、おばあさんなど、ご家族で入院中の娘さんを連れて講演会に参加されることになったのです。

私はゲストスピーカーとして壇上でお話をする機会をいただいていたため、会場の前列に座っている方々のお顔を拝見することができました。そのなかで、私は一人の女の子がずっと気になっていました。帽子をかぶり、マスクをした女の子が一番前の席に座っていて、一生懸命に話を聞いてくれていたからです。あとでわかったのですが、それが骨髄性白血病と診断された女の子でした。

講演会終了後、その女の子の近くを通ったとき、よくないご霊さんが体に憑《つ》いているのがわかり、ご家族の方の了解のもとに会場内の別室にて霊を切らせていただきました。その後、私のサイン会にもご家族で来てくださいました。

サイン会で改めて女の子を見ると、体からよくない霊が消えたのが確認できたので安心し、「前生からの恨みのご霊さんが憑いていたわけではないので、大丈夫ですよ」とお話をしました。そして、女の子の体にパワーをたくさん入れさせていただくため、すこし長めに握手をしながら、「『私の病気は絶対に治る!』って強く思ってね」と彼女に伝えたのです。すると、女の子は可愛《かわい》い顔でまっすぐに私を見つめ、素直にうなづいてくれました。

ご家族のみなさんも素直でよい方ばかりで、女の子の症状を本当に心配なさっているのが痛いほど伝わってきました。私は、彼女が回復されるようにと祈りました。ところが、講演会の翌日、その女の子によくない知らせが届きます。以前に受けていた検査の結果が送られてきて、それを見るとかなり悲観的な数値が出ていたのです。いままでは三千程度だった検査数値が、七千程度まで急上昇。医師から骨髄移植の話がでるほど、事態が深刻になったそうです。

「この結果は、講演会の前に受けた検査のもの。次の検査ではきっとよくなるに違いない」——そう期待はするものの、ご家族の不安はぬぐえなかったようです。

心休まらない日々を過ごし続けて約二カ月、奇跡が起きました。講演会のあとに受けた検査の結果が届き、なんと七千だった数値が正常な値の八百にまで下がっていたのです！

「こんなことはありえない」と医師は驚き、骨髄移植の話を急きょ取りやめたそうです。さらに医師からは「次回の検査結果もよければ、来年の一月ごろには退院できる」とまで言われたとのこと。あまりの回復ぶりに女の子のおばあさんが感極まり、主催団体の事務所に連絡をくださったのです。

「退院できるという話がうそのようで、まるで夢みたい……。本当に嬉《うれ》しいです。本当にありがとうございました」

おばあさんは、何度も何度も心から感謝されていたそうです。

さらに、ご家族の方によると、その女の子は、数値が下がっただけでなく、目も心もおだやかになり、素直になったとのことでした。

私は、彼女が回復した知らせを聞き、本当に嬉しく思いました。まさに〝奇跡の講演会〟としか言いようがない出来事に、いつもながら講師の先生やスタッフのみなさんとともに驚かされています。


前著でも書かせていただいたように、私の書籍やブログを読んでいただいた方々や、私がゲスト出演している講演会に参加された方々に数多くの奇跡が起きています。先ほどご紹介した女の子以外にも、驚くほどたくさんの奇跡のご報告が主催団体の事務所に寄せられています。本編で詳しくご紹介していますので、どのような奇跡が実際に起きているのか、ぜひ知っていただければと思います。

本書は、前著に引き続き、私のオフィシャルブログ『大森和代のWATARASEまっせ‼』をベースにしています。ブログの内容をそのまま本にするのではなく、神様のメッセージや講演会で私が話をさせていただいた内容、あるいはこの書籍だけに書き下ろした内容も盛り込んでいます。ブログを見ていただいている方はもちろん、それ以外の一人でも多くの方に読んでいただければと思います。そして、もし何かを感じたら、ご自身の生き方にとり入れていただければ幸いです。

＊＊＊

## 自分の魂の要求に応えて生きる

本書を執筆するにあたり、神様からメッセージをいただきました。要約すると、次のような内容です。

この文明は一九九九年で終わる予定だった。
だから次の文明でおろす予定だった子どもが、
いまこの文明で生まれているケースがある。

次の文明で生まれる予定だったので、
現時点での地球の磁場に合わない子どももいる。
あるいは、次の文明であれば必要がないため、
遺伝子や染色体の一部が欠けた状態で生まれている子どももいる。

そういう子どもたちが、いまの文明においては
アスペルガーやダウン症、統合失調症など
障害とみなされてしまう場合が多い。

しかし人間が「障害」と名づけているだけで、
そうした子どもたちは障害ではけっしてない。

以前、面談をさせていただいた女性に対しても、神様は「あなたは次の文明の人でした」とおっしゃっていました。その女性は、いまの文明でいえば障害者としての人生を歩んでいる方でしたが、「たとえ障害という名がついたとしても、それによってあなたが困ることはない。逆に、そのことで人から可愛がられることもある」とおっしゃいました。その神様のお言葉を受け、その女性も「周りの人に本当に恵まれています」と言われていたのが印象に残っています。

「性同一性障害も障害ではない」と神様はおっしゃっています。最近は、テレビでも性転換した芸能人の方をよく目にするようになりました。男性が女性になりたい、女性が男性になりたい、こうした願望を持つ人がたくさんいるのは、ごく自然なことなのです。

肉体あるこの世の人間に性別があるように、人間の魂にも男性と女性という性別のようなものがあります。たとえば、女性的傾向が強い魂の場合、この世にも女性として生まれることが多いのですが、この世は修行の場ですから、女性的な魂であっても男性として生まれるケースがあります。女性的な魂が男性としてこの世に生まれると、自分は女性だというのが魂ではわかっているので、男性の肉体で生まれている事実がどうしても受け入れられなくなっていきます。

あくまで魂は女性なので、女性的なものに自然と目がいくようになります。そして「自分は女なんだ」という意識が年齢とともに高まり、女性としての新たな人生を歩む決断をされるのです。ひと昔前は「女性になりたい（あるいは男性になりたい）」という思いを押さえ付け、偽りの人生を送る人が多かったと思いますが、現在はそうした方を受け入れる時代になりましたので、カミングアウトされる方が増えているのでしょう。

女性的な魂でありながら男性として生まれている方は、女性的な魂で女性の生涯を何度も経験された方が多いようです。そのため、普通の女性よりも女性らしく振る舞うことができ、言葉遣いやしぐさも女性らしくなります。

もちろん、逆のパターンもあります。男性的な魂なのに女性として生まれてしまったケースです。そうした方は、過去生において男性としての生涯を何度も経験されているため、やはり女性の肉体に生まれたことに違和感を覚えます。「なぜ自分は女の体なんだ」と悩み続け、年齢とともに自分が女性として生きることが受け入れられなくなり、その結果、男性として生きる決断をされる人もいることでしょう。

自分の性別とは異なる人生を歩みたいという願望は、魂の叫びにほかなりません。いまの文明で性同一性障害とされている方々は、まさに魂が目覚めている人なのです。ですから、自分の肉体の性別とは異なる人生を歩んでいる方は、芸術的なセンスがあったり、霊感が強かったりと、感性が優れているケースが少なくありません。魂の要求に応えて人生を歩んでいるため、感受性が豊かになっているのです。

人間が性同一性障害と名づけているだけで、本当は障害でもなんでもありません。ですから、ぜひご安心していただければと思います。無理に男として、女として生きようとしても苦しいだけです。自分の魂の要求に応えて生きるのが、その人の幸せの道なのです。らく〜に生きていいのです。それが自分らしく生きるということですから。私もいつも応援させていただいています。

この性同一性障害について、神様からメッセージをいただいています。以下、ご紹介させていただきます。

---

性同一性障害……人間たちは、
そんな言葉を使っているが、何も障害などではない。
肉体とは、ただの入れ物……
今回の一生を過ごす器《うつわ》のようなもの。

その器、入れ物は、男か女かの二種類しかない!!
そして、意味あって、今回はこちらの器、
入れ物を使うようにと決められてしまう。
そのため、その器、入れ物が気に入らない人間たちもいる。

本来の魂にも、男性的傾向、女性的傾向がある。
男性的傾向の魂が女性の肉体へと入れられる……
またその逆で、女性的傾向の魂が男性の肉体へと入れられる……
すると、これは、かなりの違和感があり、
心からの幸せを感じられない場合もある。

それを我慢して一生を終えるのも、
自分の肉体は男でも実は女性なのだ！
または、その逆を主張して生きるのも自由です。

しかし、自分の気持ちを押し殺して生きるのは、つらい。
ありのままをさらけ出し、
自分らしく生きるほうが楽に生きられる。

何も罪を犯しているわけではないし、
悪いことをしているわけではないのだから、
自分に自信を持ち、
堂々と生きていくほうが楽しい人生を歩めます。

目次

**◆魂の向上について◆**　

# 第一部　魂の家族

## ◆人付き合いについて◆

### もっとも身近な人を愛する

家族関係の悩みについて、以前、私のブログのコメント欄に次のような書き込みがありました。

「以前より夫婦で就活をしていますが、現在住んでいる地域では就職が難しいのが現状です。二年ほど前から、求人の多い県外で仕事を探すことも視野に入れて動いているものの、毎月の支払いで金銭的にも追い込まれてきました。また、主人の両親との同居生活も大変で、無駄なエネルギーをつかうことが少なくありません。仕事を理由に円満別居できれば一番いいと夫婦で考えています」

この方の場合は個人的な悩みではありましたが、ほかの人のためにもなるとのことで、神様は少々厳しいこともおっしゃいました。

仕事が仕組まれない、金銭的に追い込まれる……。これらには意味があるそうです。神様は、このご夫婦に早く気づいてほしくて「これでもか、これでも気づかないのか」と、次々に試練を与えておられるそうです。

他府県に仕事を探しにいっても、心や考え方が変わらない限り、またすぐ仕組まれなくなり、試練がやってくるとのことです。

「主人の両親との同居生活で無駄なエネルギーをつかうことが多い」

「仕事を理由に円満別居できたら一番いい」

こうした考え方自体、神様からみると違うそうです。ご両親がいてくれたからこそ、ご主人が生まれ、いま存在しているのです。舅《しゅうと》や姑《しゅうとめ》は、過去生で自分の実の親や子どもであった場合が少なくありません。いまは記憶がないだけです。もっとも身近な人たちを大切にし、愛する努力をしなければ、すべてが与えられないとのことでした。

舅や姑との関係で悩まれている場合、まずご主人のご両親を愛する努力をするのです。ただ、いくら努力をしても、どうしても愛せない場合もあるでしょう。しかし、神様いわく、努力を尽くした結果であれば、それはそれで仕方がないそうです。

「主人の親は、なにをしてあげたら喜ぶのだろう」

「どんな言葉をかけてあげたら笑顔になってくれるのだろう」

まずこのように考えて、しばらくでいいので生活してみることです。一生そうしなさい、とは神様はおっしゃいません。いま一時《いっとき》だけでも全神経を集中し、よい考えを持つのが大切なのだそうです。みなさんが必死に努力する姿を、神様は常に見ていらっしゃいます。それに、努力することで次が見えてきますし、幸運の渦の中心ができる場合もあるのです。

人のために生きる……。それは、まず自分の身近にいる人のために生きてみること。それがクリアできれば次へ進みましょう。人に与えたものは、いずれまた自分へと必ず返ってきますから。

## 自分の気持ちを素直に伝える

「一番信頼していて、これから先も人生をともにすると思っていた人が、私から去ろうとしています」と、ブログのコメント欄に書き込まれた方がいらっしゃいました。

私もそのような経験があるだけに、その方のお気持ちが痛いほどわかります。そういうときは、誰にどんな励ましの言葉をかけてもらっても、出てくるのは涙とため息ばかり……。そんな経験は、多かれ少なかれ誰でもお持ちなのではないでしょうか。

大切な人が自分のもとを去ろうとしている場合、つらい思いを抱くだけではなく、自分がどうしたいのかという気持ちを相手に素直に伝えるのが大切だと思います。相手と本気で、本音でぶつかり合い、話し合うのです。もう無理だとあきらめる前に、悔いを残さないよう自分の素直な気持ちだけは伝えてみませんか。

ただし、別れはつらく悲観的なことばかりではありません。その相手との修行が終わり、次の段階へと上がるときにも別れはやってくるのです。そのように捉え、前向きに進んでいきましょう。

## 相手の長所を見つけ、褒めてみる

「職場の問題は、修行であっても悲しくなります。どんなときも感謝し、笑顔を絶やさず、明るく振る舞えばいいのでしょうか。指導者には厳しさ、怖さも必要なのでしょうか。おこない正しく生きていれば、話してわからない人は、いずれ目の前からいなくなるのでしょうか。育たない人を育てるのは苦難です。本当に難しいです」

ブログのコメント欄に、このような悩みが書き込まれました。

話してもわからない人、育たない人なんて、一人もいません。自分がそのように思い込んでいるだけなのです。「この人はこの程度のレベルだ」「この人より自分のほうが優れている」「この人にはなにを言っても無駄だ」。そんな思いがあれば、自分も周りの人も前に進めなくなります。

また、「この人を育てよう」「この人にわかってもらおう（わからせよう）」などと思うのではなく、相手の長所を見つけることです。性格面や仕事面でなにもないのであれば、「私より髪の毛につやがある」「私よりも食べるのがすこし早い」など、なんでもいいのです。無理やりにでも見つけてみましょう。そして、まずその相手の長所の部分にだけでいいので、相手を尊敬しようという思いを持つ努力をするのです。

相手のいい面を実際に褒めてあげるのもいいでしょう。最初はいやかもしれません。でも、相手を褒めると、周りが変わってくるのが実感できるはず。これは、職場だけでなく、学校や家庭や友人関係などにおいても同様です。できれば一日一回以上、相手を褒めてみてください。本書を読まれている魂の家族のみなさんには、ぜひ実践してほしいと思います。

## 陰徳を積む気持ちを大切にする

東日本大震災が起きてから、数多くの方々がボランティアで活躍されています。その方々は「東北を救いたい」という一心で、善意で活動されていることでしょう。ボランティアの力が東北の復旧・復興の一端を担っているのは間違いありません。ですが、被災された立場の方々にとっては、時にはそうした善意が裏目に感じてしまうケースもあるようです。

今回の震災で被災地へボランティアで行かれた方々の中には、そのことを自慢げに語られたり、ボランティア活動の苦労話を熱く語られる方もいらっしゃるようです。

しかし、忘れてはならないのは、一番苦労しているのは被災された方々だということです。誰のために、何のためにボランティア活動に参加されたのか。「もしかして自己満足？」と勘違いされてしまうような方も中にはいらっしゃるようです。

もちろん、そうではない方々が大半だと思いますが……。

「自分は良いことをしてあげているんだ」と押し付けがましくボランティア活動をされたら、被災された方々はただでさえ大変な目に遭って心身ともに疲れきっているのに、ますます疲れてしまうはずです。

神様は、「良いことをする場合は、目立つところではなく、目立たないところで……陰でするほうが貢献となり、自分の死後や来生（世）に良い影響を及ぼす」と教えてくださっています。

「私は何千万円、何億円の義援金を出しました」と公言してしまった時点で、その人がしようとしていた良いことは帳消しとなるそうです。昔から言われている「陰徳を積む（こっそりと陰から人を援助したり、助けたりすること）」という気持ちが大切なのですね。

## すべての物事には意味がある

二〇一一年十一月におこなわれた広島講演会では、三日前から広島入りし、「万年寝不足を解消するため、久しぶりにゆっくり寝よう」と思っていました。ですが、その夢（？）はもろくも崩れ去ってしまいました。

まず一日目の夜のことです。ホテルの地縛霊さんを拾ってから眠りについたのですが、朝の四時三十五分頃に地震で起こされてしまいました。広島県三次市、島根県三郷町で震度4を観測したとか。その場所では、三日前にも震度5弱を観測する地震があったばかりで、断続的に続いていて心配でした。

その翌日には地震もおさまり、「今夜こそは眠れそう」という予感がしたのもつかの間…今度は留守番をしていた息子（当時、中学生）から電話がかかってきたのです。「ラブコールかな？」と思っていると、「おばあちゃんが転んでしまい、まったく動けなくなった」と言います。電話の向こう側では、父親が「110番だ！」

と叫んでいる声が聞こえ、笑ってはいけない場面だったのに不謹慎にも吹き出してしまいました（ごめんなさい）。

「救急車は１１０番じゃなくて１１９番だよ。それから、消防車じゃなくて救急車をお願いしてね」

そのように息子に説明すると、どうやらきちんとわかっていて、落ち着き払って冷静に受け答えをしていました。

息子は、すぐ応援に駆け付けてくれそうな方々にも電話を入れていたようです。また、母をなるべく動かさないよう布団の上に乗せ、そのまま布団ごとリビングから玄関まで引っ張り、救急車の到着を玄関で待っていたそうです。見ていた父や応援に来てくださった方々から、初めてのことなのに、あわてず、冷静に対処できて驚いたと褒めていただいたそうです（すいません！　プチ自慢してしまいましたね）。

母は、講演会前の私に心配をかけてはいけないと思い、「おばあちゃんは大丈夫だから、お母さんには知らせないでね」と息子に繰り返し言っていたそうです。結局、その日も母のことが心配で眠れず、翌日はいつもながら講演会前夜で眠れませんでした。結局、目の下にひどいクマをつくっての広島講演会となってしまいました。でも、たくさんの方々にお会いできて本当に嬉しかったです。

講演会終了後は広島で面談の予定があったのですが、キャンセルさせていただき、急きょ帰宅することになりました。母は大腿骨を骨折していたようで、即入院することに。母は高齢ですし、大腿骨でもかなり骨盤に近い上部の骨折だったので、「術後に自分で歩けるかどうかわからない」とお医者さんから説明を受けていたようです。

でも、手術の翌日から、なんとつかまって歩くことができました。入院中、私が母に宇宙のパワーを入れ続けていたのが幸いしたのかもしれません。神様にとても感謝しています。

広島講演会の前から、私は両親に「寒い間はずっと私たちの家にいてほしいわ。お正月も家にいる気がするよ。おせちも一緒に食べようね」と何度も言っていました。それが本当にそうなってしまい、何より母親が驚いていました。物事はすべてに意味がある……少しつらかったですが、そう改めて教えられた出来事でした。

## 運気は自分で切り開くことができる

ご主人の仕事の影響で、転勤を繰り返しているご家庭も多いと思います。次の方も同じく、ご主人の度重なる転勤で苦労されているようです。

「結婚十年で転勤五回……正直、精神的に疲れ果てています。そろそろどこかに落ち着きたいのですが、来年は夫の運気が悪く、行動を起こせません。次の転勤のタイミングに合うように、年内にマンションの契約をすると、引っ越し（子どもの転校）はあと一回ですみます。ただ、こんなに性急に事を運んでいいのかわかりません。夫はそこまで乗り気ではないので、もっとのんびり考えたほうがいいのか……。夫はいつ乗り気になってくれるのかもわからず、悩みがつきません」

この方は「夫の運気が悪く」と書かれていますが、運気が悪いとはどういうことでしょう。星占いや風水のことでしょうか。

そうした占いを気にしすぎて身動きがとれなくなってしまっている方がいますが、あまり気にされないほうがいいと思います。私と同じ誕生日の同級生がいましたが、いまはまったく違う人生を歩んでいます。もし占いが当たるのなら、その同級生と私は同じような人生を歩んでいるでしょうから。

人間を何十種類かに分類し、統計学などを基本に運気をみるというのは、あまりあてにはなりません。ですから、気になされないほうが賢明です。

ただし、星の動きがまったく影響がないとは言い切れません。でも、基本的には自分の運気は自分で切り開くことができますから、時期などは気にしなくても、よく祈って行動を起こせば大丈夫です。厄年も気にしないほうがいいですよ。

コメントをいただいた方の場合、肝心のご主人様が乗り気でないのなら、いまはやめておいたほうがいいでしょう。ご家族のみんなが「そうしたい！」と思ったときが一番いいタイミングなのです。

あと、すべての人に当てはまることですが、新居に入る場合、地縛霊さんだけは忘れないでひろってあげてください。そうすれば、とんでもない災いなどは来ないはずですから。（地縛霊のひろい方は『あなたこそが救世主《メシア》——ＷＡＴＡＲＡＳＥ　Ｖｏｌ・２』の１０２ページを参考にしてください）

## ◆子育てについて◆

### 妊娠中のお腹の張りは赤ちゃんの訴え

「妻が名古屋講演にぜひ参加したいと申しております。ただ、現在妊娠中でちょっとお腹が張りやすいため、行けるかどうか微妙です。講演会の前後はあまり張らないように赤ちゃんにお願いしていただけませんでしょうか（笑）。

あらゆることは偶然ではなく必然で、その人にとって必要な試練だといいます。しかし、人から恨まれるということは、やはりつらいことです。自分の気持ちの持ち方を変えたとしても、恨まれている状態に平然・平気でいることは難しく感じます。仕事上のことですと、気持ちの問題だけではすまされず、ストレスもかかってきます。何か乗り越えるコツはあるのでしょうか」

以前、名古屋講演会の前に、このようなコメントをいただきました。妊娠中にお腹が張るのは、単に母体が疲れたからだけではありません。お腹の中の赤ちゃんが不機嫌になっているときに張ってくる場合も多いのです。

赤ちゃんが不機嫌になる原因はそれぞれ違うのですが、親が話しかけてくれなくて寂しくなり、「自分がここにいるんだよ」とお母さんに訴えているときも結構あります。

赤ちゃんは魂で会話を理解しています。ですから、いろいろと話しかけてあげ、さみしい思いをさせないよう意識するといいでしょう。

また、この方は「人から恨まれるのはつらい……乗り越えるコツはないですか」と書かれています。

乗り越えるコツはあります。それは、自分を恨んでいる相手を好きになり、ただ愛してあげることです。

恨まれたときに、恨んできた相手にその念を送り返すこともできます。しかし、それをすると恨んできた相手に大きなエネルギーを返すことになります。すると、恨みの二倍どころのダメージではない、もっと大きな災いを恨んできた方にもたらしてしまうのです。ですから、あまりしないほうが無難でしょう。

場合によっては、恨んできた方の命取りにもなりかねません。それよりも、恨んできている相手を愛してあげることです。そうすると、相手の恨みの感情は必ず薄らいでいきますから。最初は難しいかもしれません。でも、ぜひ実践されてみてください。きっと楽になるはずですから。

## 思春期の子どもは見守る強さを

「実は息子のことで悩んでいます。何もかもが嫌だと言います。学校も、私たち親も友だちも、みんな嫌だと言います。いまの息子にはネットゲームが唯一の救いであるかのように、ネットゲームに熱中しています。嫌だと言いながらも、学校に行かないわけではないのですが、最近あまり笑わないし、いつも不機嫌にしています。私のことを嫌いだと言います。悲しくてどうしていいのかわかりません。大森先生、どうしてなんでしょう。何がいけないんでしょう……。『神様、助けてください』と、いつも心の中で叫んでいます」

お子さんを持つ親御さんの悩みは絶えません。私も二人の子を持つ親として、その気持ちはよくわかります。「何もかもが嫌だ」と息子さんが言ったり、不機嫌で笑わなくなったり、親も嫌いだと言ったり……本当に心配ですよね。でもこれは、息子さんが順調に成長していることでもあるんです。

思春期には、たくさんの子どもたちがそうなります。ゲームであっても、熱中できるものがあるだけまだいいほうです。無気力で何もできないようになってしまったら心配ですからね。

　この方の息子さんのような状態にお子さんがなった場合、親は干渉するのではなく、そっと見守り、そこから抜け出すまで待ってあげてください。追い込むことだけはしてはいけません。ぐっとこらえて干渉しないふりをする、口うるさく言わない……。これは、親としては大変だと思いますが、素晴らしい大人へと必ず成長すると信じて見守ってあげましょう。

　そして、お子さんが自信をなくしている場合も多いですから、顔を見たときは褒めてあげるなど、自分に自信が持てるようにしてあげてください。きっと何か変化してきますよ。

## 子どもには前向きな言葉をかけてあげて

　息子さんが足の手術をしたあと、大好きだったスポーツができなくなったという方（お母さん）から、以前、ブログにコメントをいただいたことがあります。その方がしばらくしたのち、次のようなコメントを寄せてくださいました。

「息子が足の手術後にスポーツができなくなりましたが、ようやく精神的に落ち着いてきました。家族との会話も楽しくできているし、素直で、男らしい、いい子だと思います。でも、いまは大好きだったサッカーができず、夢中になれるものがなく、淡々と毎日を過ごしている感じです。勉強も、やっていないのか、やってもダメなのか、ひどい成績になっています。

入院と手術を繰り返し、苦しい試練を課せられてがんばっていると認めながらも、息子の将来が心配で、今後の進路の不安がいつも頭の隅にあることに最近、気づきました。私が不安を抱えてはいけないのですよね？ 息子にどんな気持ちで、どんな態度で接するのが一番いいのでしょうか。明るい未来が来ると信じて過ごしていいのでしょうか」

この方の息子さんが、サッカーができなくなってしまったことには意味があるようです。ある意味、神様にとめられたということでもあります。そのままサッカーをやり続けていたら、もしかするともっと大けがをしたり、大変な苦労がきたり……それを前もって避けてくださったのかもしれません。

先日お会いした方は、プロのスポーツ選手として活躍されていましたが、体の故障でプロを引退され、いまはまったく違うお仕事でがんばっていらっしゃいます。本当にすてきに輝いていらっしゃるんです。

その方に神様は、「あのままプロの世界にいては、大きな勘違いをしてしまっていた。スポーツをしすぎるのは、動物霊が憑いて体に毒がたまるからよくない」と、その方の場合はおっしゃっていました。ただし、役目としてスポーツをされている方々は違いますからご心配なく……。

前記のコメントを寄せていただいた方の子どもさんは大丈夫ですから、お母さんが不安がらず、どっしりと構えているくらいがいいでしょう。何よりも息子さんと一緒に過ごせることに感謝され、「人は人、周りは周り。自分たちは自分たちだから必ず幸せのままでいられる。息子の将来も素晴らしい！」と心から信じ、それを口に出して息子さんにも伝えてあげるといいでしょう。毎日、毎日、前向きな素晴らしい言葉を発していると、その言葉はいずれ自分へと返ってくるものです。

子どもの将来を案じるのは、親としては当然のことです。しかし、親は子どもの将来を不安に思うのではなく、「あなたの将来は素晴らしい！」「きっとツキがたくさんある人生だよ！」「困ったときは必ず誰かがあなたを助けてくれるから大丈夫！」と、前向きな言葉をたくさんかけてあげてください。そうすると、子どもさんは明るい未来をイメージする習慣がつきますから。そしてそのイメージ通りに人生を切り拓《ひら》いていけますから……。

## 子どもが出来ないと自分を責めないで

「私の今年の目標は、人をうらやましく思わないこと。私は子どもが出来ないので、身近な人に子どもが出来ると素直に喜べません。でも、子どもが出来ないのには意味があるのでしょうね。人生修行、がんばります」

この方はとても正直な方です。「自分に子どもが出来ないので、身近な人に子どもが出来ると素直に喜べません」と書かれていますが、子どもが出来ないのには確かに意味はあります。しかし、今回の人生修行において、子どもを育てる必要のない人にも子どもは出来ません。

だから、子どもが出来ないからと自分を責めたりしないでくださいね。今生の役目が違うだけですし、その分、「自分には自由になる時間があるから幸せ」と思うこともできますから。

個人面談で霊査というのをおこなっているのですが、前生や前々生で子だくさんだったり、側室が何人もいた方のなかには、今回は結婚や出産、子育ての修行ではなく、別の修行をするために来ている方もいます。

なかには、側室が八人、子どもが二十人以上いた方もいました。その方も結婚はされていません。結婚や出産、育児が今回の修行ではないということでしょう。子どもがいないと悲観するのではなく、自分の人生修行を明るく、楽しくされることで、どんどん運が開けていきます。

## 反抗期の子どもにはスキンシップを

「長女は今年、小学校に入学しましたが、反抗期の真っ最中で何を言っても聞く耳持たず、それにいら立って私がまた怒る……そんな繰り返しです。正直、なぜか長女に対しては、生まれたときから嫌悪感があり、怒ることはしても褒めることができず、申し訳ないことをしてきました。母からは『神様からの預かり子だから大事にしないと』と言われます。そんなときに大森先生のブログを読み、うまく言えませんが、今日から長女に対して向き合っていこうと思えました」

「長女に対しては生まれたときから嫌悪感があり……」と書かれていますが、前生の魂の記憶からそうした感情が呼び起こされている場合もあります。そして母親のその気持ちは、そのまま子どもに伝わってしまいます。

反抗期には、とにかくスキンシップをとってあげましょう。ムギューッと抱きしめて、「ママの子どもに生まれてきてくれてありがとう。一番大切な子だよ」と何度も繰り返し言ってあげてください。心からの言葉でそうやって伝えてあげると、反抗期の子どもさんは次第に変わってきますから。そしてお母さんの気持ちもどんどん変わり、嫌悪感もなくなっていきますよ。

## 子どもは天からの授かりもの

不妊治療をされている方はたくさんいらっしゃると思います。以前、私のブログにコメントをくださった方も、子どもが出来ずに苦しんでいらっしゃいました。

「私は生理が不順で、なかなか子宝に恵まれません。前向きにがんばりたいのですが、一喜一憂の日々を送っています。いつになれば私たちに可愛い赤ちゃんが来てくれるのでしょうか」

このように「可愛い赤ちゃんに早く来てもらいたい」と願われている方は多くいらっしゃるでしょう。その場合、あまりそのことばかり考えすぎないことです。「早く赤ちゃん！　赤ちゃん！」と考えれば考えるほど、その気持ちは執着となります。執着をとり、無の境地で、「赤ちゃんは天からの授かりもの。夫と二人でいられるこの時間を楽しみ、自分を高めよう！」という気持ちで過ごされたほうがいいのです。

すでにお伝えしたように、人によっては、今回は出産や育児をすることが役目ではない場合もありますから。でも、その場合でも、育児以外の違う修行が用意されていますから、そちらの修行に励まれてください。育児以外の修行とは、たとえば夫婦間での修行や親子間での修行、あるいは職場や友人関係での修行、ご近所さんとの修行などです。

## 若いときの苦労は買ってでもしたほうがよい

「実は、来月から長女が五カ月間のインド一周旅行に出かけます。親としてはやはり不安です。止めたって行くのだと思いますが、何か注意をすることがあればアドバイスをいただければと思いました」

娘さんが五カ月間もかけてインドを旅されるのは、やはり親としては心配だと思います。でも、反対しても行くとおわかりなのであれば、親としては喜んで応援し、出発させてあげるのがいいでしょう。

神様はよく、「若いときの苦労は買ってでもしたほうがよい。人間の幅が広がる」とおっしゃいます（133ページのメッセージを参照してください）。きっとこの方の娘さんは成長して日本に帰ってこられるでしょう。

以前、娘さんの海外留学に反対されていた方がいらっしゃいました（とても治安の悪い国だったため）。その方から「どうしたら娘が留学せずにすむでしょうか」と相談を受けたとき、神様は「娘を行かせたくないという気持ちを取り除きなさい。そして、娘の行きたいという気持ちを受け入れて、行くなら行ってもいい！と腹をくくり、娘の無事を必死に祈りなさい。そうすれば、何か事態が変わる」とおっしゃいました。その方は言われたことを素直に受け入れ、親として必死に祈られた結果、結局その娘さんは気が変わり、留学は取りやめになったそうです。

このように、神様が行くのを止められる場合、体調が悪くなるなど何らかの事情で出発ができなくなることもあるのです。ただし、どこにいても守られている人は大丈夫ですので、お子さんが海外旅行に出かけることになったり、留学することになっても、親としては温かく見守ってあげるといいでしょう。そして、無事に帰国するよう、毎日祈ってあげてください。

## 子どもが激しく泣くのには意味がある場合も

小さなお子さんが激しく泣いて心配になる親御さんは多いと思います。その理由は実際にお子さんとお会いしないとわからないのですが、激しく泣くのには意味がある場合もあります。

病気でもなく、体調が良くても激しく泣く場合、霊的な原因があるケースも多いものです。大人たちには見えていない四次元やその上の世界が赤ちゃんには見えている場合もあり、おびえていたり、前生の記憶が残っていたり、これから起こることのビジョンが見えていたり……。

とにかく、お子さんが激しく泣いても、親が動揺せずに優しく抱っこし、おっぱいを飲ませてあげたり、心臓の音を聞かせてあげたりして、「お母さんが一緒だから大丈夫だよ」と言って安心させてあげるといいでしょう。お母さんの気持ちはすぐ赤ちゃんに伝わりますからね。

## 放射性セシウムが検出された粉ミルクの霊的な意味

福島第一原発の事故のあと、粉ミルクから放射性セシウムが検出されました。小さいお子さんをお持ちの皆さんにはショッキングなニュースだったと思います。

東日本大震災が起きた三月十一日に東京にいた私は、翌朝（三月十二日）の六時くらいに神様へご挨拶をしていると、「すぐ岐阜へ帰りなさい。放射能をあびる前に……」といった趣旨のお言葉を賜り、その意味はよくわからないまま、交通網がまひしているなか、急いで東京駅へと向かいました。

そして何とか動き出した新幹線に飛び乗って帰宅すると、その日の夕方に福島第一原発が水素爆発を起こしたのです。「このことだったのか……」と、とても恐ろしくなったのをいまでも鮮明に覚えています。放射性セシウムが検出された粉ミルクは、水素爆発が起きた時期に製造されていたそうです。

ありがたいことに、私はたくさん母乳が出ましたので、自分の子どもたちに粉ミルクを飲ませたことがありませんでした。私にはへんなこだわりがあり、牛の乳でつくられている粉ミルクではなく、「人間の子には人間のお乳を……」と思い、自分の母乳だけで育てていきたいと思っていたのです。

だから、妊娠中から母乳がたくさん出るように、毎日おっぱいマッサージをしたり、産後も母乳が出やすい食べ物をとったり、いろいろと努力しました。その後、子どもたちから「もういいよ」と言われ、納得しておっぱいを卒業させてあげたくて、かなり大きくなるまで子どもたちは二人で譲り合って飲んでいました。

「私にはこれくらいのことしか子どもたちにしてあげられないから……」と思っていたので、飲んでもらえることがありがたかったのです。何年も経ち、子どもたちがおっぱいを卒業し、「もう前開きの服を着なくてもいいんだ」と思うと、何だかさみしくなりました。

どうして私の個人的な経験をお伝えしたのかというと、「なぜその粉ミルクから放射性セシウムが検出されたのか……その霊的な意味はなんだろう。もしかして、あまり必要のない粉ミルクなのでは」と思ったからなのです。

私は、粉ミルクについてはよく知りません。そこで、授乳中のママに聞いたところ、放射性セシウムが検出されたのは、生後九カ月目くらいから飲ませる粉ミルクだそうです。離乳食が始まり、鉄分、カルシウム、ビタミン類が不足するため、そうした粉ミルクで補うのだそうです。

高次元の存在の方は、「赤ちゃんにサプリメントは必要ありません。サプリメントに頼れば、自分の体内で生成しようとする機能が衰える場合もありますから」とおっしゃいました。

必死に努力されても母乳が出ない、あるいは足りないという方には、新生児用の粉ミルクが必要ですが、離乳食が食べられるようになってからの粉ミルクは、サプリメントのようなものなのではと思ったのです。

ですから、どうしてもミルクをあげなくてはならない方は、母乳を飲ませるように赤ちゃんを必ず抱っこして、ミルクを飲ませてあげてください。そして、栄養ある離乳食を愛を込めて手づくりしてあげて、赤ちゃんがさみしくないよう、遊んであげたり、抱きしめてあげて、体と心にたっぷりと栄養を与えてあげてください。

そうしたらサプリメントは必要なくなるはずです。

その粉ミルクを製造しているメーカーの製品自体は素晴らしいと思います。批判しているわけではないので誤解をなさらないように……。今回の粉ミルクの件を霊的な意味で考えてみたい、そんな私の独り言程度に聞き流してくださいね。

## 子どもは神様からお預かりしている天使

子育てをしながら仕事もされているお母さんは多いと思います。仕事をしながらの子育ては本当に毎日が忙しく、つい子どもたちにあたってしまうこともあるかもしれません。しかし、仕事がどれほど忙しくなっても、お子さんにはあたらないであげてほしいと思います。

子どもたちは、みんな神様からお預かりしている天使のようなもの。自分の子どもであってもそうです。だから、大切な天使だと意識して、育児をがんばってほしいと思います。

育児の結果が出るのは二十歳くらいからです。子育ては、手をかけなければならない時期があるものです。まだかわいい時期、できるだけ早い時期にいっぱい愛情をこめて育ててあげることで、立派な大人に成長していくはずですよ。

## 子育てセミナーに心強い味方

実は神様からご啓示をいただき、二〇一三年五月に福岡で子育てセミナー（「大森和代のひとりじゃないよ　一緒に育児」）を開催することになりました。その福岡の会場が決まったその日、ある産婦人科の先生が私に会いたいとおっしゃっていると連絡をいただきました。その先生は、スピリチュアル系産婦人科医と呼ばれている方で、胎内記憶の研究の第一人者です。拙書（ＷＡＴＡＲＡＳＥシリーズ）を読み、私に興味を持っていただいたようなのです。

その先生が岐阜で講演会をされるということで、二時間ほどお会いして話をしました。その先生いわく、「医療業界にはスピリチュアルな世界がわかる人が少ない。

だから自分の考えが正しいかどうか確かめるため、大森さんに会って話をしたかった」とのことでした。

お会いした二時間、先生からたくさんの質問をいただき、それに対して一つずつお答えをさせていただきました。そうやって話をしているとき、その先生に一本の電話が入りました。先生のクリニックの妊婦さんが出産されたそうで、電話でいろいろ指示をされていたのですが、なぜか私が急に寒くなったのです。理由はすぐわかりました。その先生のクリニックでたったいま生まれた赤ちゃんが、「寒くて不安だ」と私に訴えかけてきたのです。

そこで先生が電話を切られたあと、「いま生まれた赤ちゃんがとっても寒いと言っています。赤ちゃんは急に体外に出て肺呼吸に切り替わり、不安になっているみたいです。助産婦さんやスタッフの方ではなく、お母さん自ら赤ちゃんに『大丈夫』と言って安心させてあげるよう、お願いしてもらっていいでしょうか」とお伝えしました。すると先生は「わかりました」と言ってすぐ電話をし、伝えてくださったのです。

その赤ちゃんは低体温症で生まれ、少し心配される状態だったようですが、お母さんが話しかけてあげることで、すぐ体温が上がり、良くなったとあとでうかがいました。

子育てセミナーをしようと思い立ち、初めての会場が決まったその日に産婦人科の先生から連絡をもらい、お会いしたその日そのときにお産があるなど、すべては偶然ではないと改めて感じることができました。

さらにもう一つ、偶然は重なりました。福岡へ出張に行った際、大きな保育園や幼稚園などを経営している園長先生の面談をさせていただきました。話をうかがうと、新設する保育園の土地や設計図面を見て、霊的に大丈夫か見てほしいという依頼だったのです。

その方に福岡で子育てセミナーをする旨をお伝えすると、「ぜひお手伝いをさせてください。スタッフを連れてセミナー会場に行きますので、お母さんたちにゆっくり話を聞いてもらえるよう、私たちがお子さんの面倒を見ますよ」とおっしゃってくださったのです。

子育てセミナーでは子連れでの参加も希望で受け付けるので、託児スペースを設ける予定にしています。施設のプロのスタッフの方々がご協力いただけることになり、本当に心強く思っています。

ちなみに、その園長先生が経営する保育園では面白い相談を受けました。いつも園児たちが、トイレにご霊さんがいると騒いでいるというのです。そこでトイレを見させていただいたところ、ドアを開けた奥に男性のご霊さんが座っていました。「ここに男の人がいますよ」と園長先生にお伝えすると、「そうなんです！　園児たちはいつも『おじちゃんがいる』と言うんです。どうしたらいいでしょう」とおっしゃいます。

そこで私が、そのご霊さんに向かって「ここにいるのはよくないので、私がもっといい場所に連れていってあげますね。一緒に帰りましょう」と言って連れて帰ることになりました。それ以降、園児たちはご霊さんがいるとは一切言わなくなったとのことです。

## ◆地球の未来について◆

### 竜巻が発生したら建物内の安全な場所へ

最近、日本の猛暑やゲリラ豪雨だけでなく、世界中の気候がおかしくなっています。以前、神様から「役目ある日本人または日本に住んでいる人びとに、これ以上の罪を重ねさせないためにも、脱原発を決意するまでは原発のある場所に災害が来る予定がある。これは地震だけでなく、台風や高潮、竜巻や突風により、原子力発電所が破壊される場合もありうる」というメッセージをいただいたのですが、世界的に気候が不安定なだけにとても気になります。

昨年にはアメリカ・ネブラスカ州のミズーリ川が雨で氾濫し、原発が水浸しとなったあと、さらに近くで巨大な竜巻が発生したそうです。原発は大丈夫だったそうですが、この一日だけでネブラスカとカンザス州で二十四個もの竜巻が発生したそうです。

アメリカのたくさんの人たちの魂が早く覚醒し、「原子の分解をしてはならない」という宇宙のルールをやぶって原子力の開発をおこなった大きな過ちに気づき、反省してもらいたいと思います。

アメリカだけでなく、最近は日本でも竜巻が発生するようになりました。竜巻注意報が出たら、まず備蓄品をチェックし、なるべく外出は控えたいものです。竜巻が迫ってくるのが見えたら、建物の中に入り、できれば窓のない部屋や浴室、トイレなどに避難し、「被害を受けないで無事に竜巻が通り過ぎますように……」と祈りながら過ぎ去るのを待ちましょう。

災害が起きてから、初めて神様にお祈りをしたいと思う人も出てくると思いますが、それでも構わないので祈ってください。そして、「どんな出来事も自分の魂が目覚めるきっかけになる」と、前向きにとらえていただければと思います。

## 自分の身は自分で守る意識を

「政治の乱れ、人の心の乱れがあると天変地異が起こる」と、ブログのコメント欄に書いてくださった方がいらっしゃいます。これは本当だと思います。

二〇一一年二月におこなわれた東京講演会でお話をさせていただいたのですが、東京講演会の朝、神様や霊界にいらっしゃる政治家の方が、いまの政治家を見て落胆し、嘆いておられました。「このままでは何かが起こってしまう」と思い、そのことを東京講演会でお話をさせていただいたのです。

東京講演会では、講師の先生も「次はマグニチュード9の地震が来ます」と二回も三回もおっしゃっていました。そうしたら、翌月の三月十一日に大震災が……。大震災とその後の原発の事故で、日本は大混乱に陥りました。しかし、人間は少し落ち着くとまた同じ過ちを繰り返すものです。

原発に安全・安心なんてありません。国が責任を持つと言ってみたところで、その国すら崩壊するかもしれません。原発自体が大きな罪なのです。日本が脱原発を決定しなければ、福島第一原発のいまの事態は好転しないのです。

神様は次のようにおっしゃっています。

「宇宙のルールをやぶって原子を分解し、核開発をおこなえばどうなるのか…。人間たちはその恐ろしさを知らなさすぎます。それをすれば、自分たちの未来がどうなってしまうのかもわかっていない。ウランの処理すらできないのです。怖いもの知らずの無謀な人間たち……」

頼れるリーダーがいない国に住んでいる私たちは、誰かに頼るのではなく、自らもっと勉強をして、自分たちの身は自分たちで守っていく意識を持たなければなりません。地球の子どもたちから未来を奪うようなことになれば、後悔してもしきれないでしょう。私のブログやこの本を読んでいただいている方たちだけでも、宇宙のルールをやぶり、原子の分解をしてしまった罪を神様にお詫びしてくだされば、何かが変わってくるかもしれません。

## 日本中の人びとの意識を変え、世界に発信する

福島第一原発の事故以降、食肉（牛）からも放射性セシウムが検出され、ほかにも魚や海藻、野菜、水や米など、いろいろなものが汚染されてきていることがわかりました。この日本に住んで生きていくためには、もう放射性物質と共存していくしかないのです。

福島第一原発の事故だけでも、日本中で放射性物質が検出されているのです。もしまた連動する地震が起きて、ほかの原発が破壊されることになれば、日本にはしばらく住めなくなってしまう日が来ます。そんな事態だけは何としても避けたいものです。

日本中の人びとの意識を早く変えてほしい。そしてその意識を日本から世界へと発信し、世界中の人びとの意識を変えてほしいのです。いまのままでは、内部被ばく者がどんどん増えていきます。

五年後に、「しまった、あのときにこうしておけばよかった」と後悔しても、もうどうすることもできません。早く脱原発を決定してもらいたいものです。子どもたちや若者たちの未来を奪ってしまわないうちに……。

読者のみなさんも、できれば玄米を食べて根昆布水を飲み、十分に睡眠をとり、ストレスをためずに免疫力を高めていきましょう（根昆布水のつくり方については、『一人じゃないよ、みんなつながっている（ＷＡＴＡＲＡＳＥ Ｖｏｌ・３）』の199ページに詳しく書いています。参考にしてみてください）。そして一日を振り返って反省し、心を浄めてしっかりと祈り、神様と、宇宙と波長を合わせて、この苦境をみんなで一緒に乗り越えていきましょう。さらに、この本やブログからも光のシャワーをしっかりと浴びて、ご自身のパワーを高めておいてください。

この原発について、神様から次のようなお言葉をいただいています。このメッセージをお読みいただき、原発について考えてもらえたらと思います。

（二〇一二年三月二十三日に受けたメッセージ）

「原発は、賛成ですか？ 反対ですか？」

そんなのんきな質問をしていられるのもいまだけです。
五年後には、日本国民全員が原発に反対しています。

福島原発の事故直後に、無責任な政治家が
「ただちに健康に被害はない」と言っていた意味を、
あとになり、初めて理解する人間もいるでしょう。

宇宙のルールを破り、原子の分解をし、核開発をおこなえば、
どうなっていくのかということをもっとわかってもらわなければ、
もっと取り返しのつかないこととなります。

地球規模で起こってしまうのです。

日本です。この日本から、脱原発、
核撲滅を訴えていかなくてはならないのです。
その役目があることに早く、気づいてほしい。
唯一の被爆国となったことも偶然ではない。
広島、長崎に原爆が落ちたのもすべて意味あってのこと。
そして、今回の福島原発での爆発もそうです。
神の国、日本に住みし人びと、目覚めてください。

我々、神と約束をして、今回、
生まれて来ていることを忘れないでください。
魂の記憶を思い起こすのです。

五年後の日本…今のままの人間たちの心でいたら、
放射性物質による被害は、福島県のみにはとどまらず、
日本全土や海が汚染されていることがわかり、
若い人びとにがんや白血病の患者が増え、
もう、こんな所には住めない!!
と日本を捨てる人びとも出てくるでしょう。

実に嘆かわしきこと。
この神の国、日本に生まれ育ったのに、
祖国を離れるとは…
そうならないための努力と働きかけを、
目覚めた人びとにはしていってもらいたいのです。

とは言っても、

何も難しいことをするように言っているわけではない。
原子の分解をやめ、心正しく生きる努力をしてほしいだけ。
　嘘、偽りのない世の中にしていきたければ、
まず、あなた自身が、嘘、偽りをしないことです。

　　たとえどんな小さな嘘でもつかないこと。
そんなあなたの努力は、やがて大きな波、渦となり、
　　周りの人びとへも影響を与える。
　五年後の日本がどうなっているのか…
これは、あなた方人間たちのいまの生きざまによって、
　　かなり大きく変化します。

子どもたちの未来を光り輝くものとしてあげることは、
あなたの役目です。これを決して忘れないでください。

原子の分解をしてはならないという宇宙のルールを破り、
どんどん核開発をおこなったことを反省し、
この地球上から核を排除しようと努力をしなければ、
悲惨な結末を迎えることとなってしまう。
その結果については、また後日、話しましょう。

この核についてが、他の惑星の人びとは、一番心配のようです。
だから、やきもきしている。
いずれ自分たちのしでかしたことに地球人が気づくとき、
全身に震えがくるでしょう。
あまりにも浅はかだった自分たちにあきれかえることでしょう。
すべては遅いのですが…

## 守られる自分に変わるためにできること

「何度も同じことを繰り返してしまう」
「わかってはいるけれどやめられない」
「自分の性格や癖だから仕方がない」

そのように考えて、自分を変える努力をしていない人がいます。幸せすぎて危機感が薄いとそうなってしまいがちです。

でも、そんなみなさん、安心してください。今後、いやでも危機感を持たざるを得ないような出来事が次々と起きてきますから。怖がらず、「これも自分を変えるチャンス」と前向きに捉えてください。

二〇一一年八月、巨大ハリケーン・アイリーンがアメリカのニューヨークを直撃しました。史上初の避難命令が二百三十万人に出され、マンハッタンを離れて人びとが非難する様子がテレビに映し出されたとき、以前観た映画のシーンのようだと思いました。

アイリーンが襲ったニューヨークでは、人びとがごった返しているスーパーへ水や食料などの買い出しに行き、棚があっという間に空っぽになってしまったそうです。さらに飛行機は欠航し、地下鉄もバスもすべて止まってしまいました。これも史上初だそうです。

二〇一〇年の講演会で、「これからは〝観測史上初めて〟や〝史上初〟などと表現される現象がどんどん増えてきます」と話をしていたことが、残念ですが現実になってきました。アメリカの東海岸にハリケーンが近づいたことだけでも珍しいでしょう。

そういえば、どなたかが私のブログのコメント欄に書いてくれていましたが、昨年、アメリカの北東部でマグニチュード5・8を観測する地震があったそうです（また将来にも起こる予定だそうですが）。

アメリカの東海岸で発生した地震としては、ここ六十七年で一番大きかったそうです。この地震の影響で、原子力発電所も運転を停止したとか。しかし、オバマ大統領はゴルフをしていて地震に気づかなかったそうです。

二〇一一年七月の名古屋講演会で、「原発推進国世界一位と二位であるアメリカとフランスには、これからいろいろなことが起こってきます」と話しましたが、早々と起こってきてしまっています。

アメリカ、フランスに次いで世界第三位の原発保有国である日本でもゲリラ豪雨の被害などが続いていますので、急いで守られる自分に変わる努力をしましょう。万が一のとき（家に水がどんどん入り込んできてしまい逃げられない、竜巻が家に向かってきている、車ごと流されてしまったなど）は、携帯画面に私のブログを表示していただき（いつの記事でも構いませんので）、携帯電話を握りしめていてください。それができない方は、私の本『ＷＡＴＡＲＡＳＥ』（どのシリーズでも大丈夫です）を手に持っていてください。なぜなら、私の本やブログから高次元の波動が出ているからです。

そして、「神様助けてください」と声に出して言ってもいいですし、心で思っても結構です。それから「私は絶対に大丈夫」と強く思ってください。不思議なことが起こり、きっと助かる方向へと持っていかれますので……。

　以前、私の本を持たれていた方から、こんなご報告をいただきました。二〇一三年四月二十一日の東京講演会終了後、私のサイン会に来てくださった女性が、「先生の本に助けていただきました。ありがとうございました」とおっしゃるのです。何があったのだろうと尋ねてみると、道を歩いている際にいきなりマンホールの中へ転落されたそうです。しかし、脚のすねをほんの少し擦りむいただけで、ほかはまったく大丈夫だったとのことでした。

　救出時も「奇跡です。骨折したり、頭を打ち付けたりするケースが大半なので、この程度で済むことはほとんどありません」と言われたそうです。その方はショルダーバッグの中に私の本を入れておられ、本のパワーでこれだけのけがですんだと感謝していただいたのです。

## 今後は〝ゲリラ台風〟も発生する

ゲリラ豪雨にゲリラ雷雨、爆弾低気圧……最近の日本では、ひと昔前ではあまりなかったような気候状態が続いています。今後は予測のつかない〝ゲリラ台風〟も出てきます。不安になるかもしれませんが、私のブログや書籍を読んでいただき、光の輪の中に入っていれば心配ありません（ブログへ帰ってきてくださったり、書籍を読んでいただくという意味で、何かの会などに入るという意味ではありません）。

こうしたゲリラ豪雨や台風などを通して、外に出られない恐怖感や閉塞感を神様が体験させてくださっています。これから、地球温暖化の急激な加速と宇宙規模の磁気嵐（これをフォトンベルトと表現している方もいます）とが重なり合い、地球上では強風の吹き荒れる日が増えていきます。たとえば、強風にあおられて看板などの落下物が飛んでくるなど、今後ますます被害が出る予定とのことです。外出時にはヘルメットが必要になるかもしれませんね。

今後起こることについて、神様から聞かされていることの一つに、日中なのにどんよりと暗く、かなりの強風が吹き、最後には外に出て立っていられないほどの強い風が数日間続くというものがあります（このときは屋内の安全な場所で待機しなくてはなりません）。今後、そんな日がきてもパニックにならないよう、心の準備を整えておいてくださいね。

## 宇宙ゴミが招く地球規模の危機⁉

以前、講演会の最後に、神様より「宇宙ゴミの落下に気をつけてください」と言われたことがあります。二〇一一年に落下した人工衛星の落下物は、三千二百分の一の確率で人にぶつかると言われていましたが、被害がなくてよかったです。

ただ、地球の周りの宇宙空間には、十センチ以上の大きさの宇宙ゴミが二万個以上（使用済みの人工衛星など）もあるそうです。いま宇宙ゴミとして浮遊している人工衛星は古いタイプで、燃焼してなくなることがないそうです。しかも制御不能なので、どこに落ちるのかもまったく予想がつかないそうです。ゲリラ豪雨、ゲリラ雷雨、ゲリラ台風、そしてゲリラ人工衛星……ということになるでしょうか。

原子力発電所にしろ人工衛星にしろ、自分たち人間がつくったものにおびえながら日々暮らさないといけないなんて、いったい私たちは何をしているのでしょう。

使用済み人工衛星の落下物が招く地球規模の危機について、実は二〇〇八年六月か七月に神様からメッセージをいただいており、そんな時期がいよいよ来てしまったのかと思っています。そのメッセージはかなりショッキングな内容なので、いまは書くのはひかえさせていただきますが、今後も講演会やセミナーなどを通じてみなさんにお伝えできればと思います。

## 素晴らしい未来を想像する

素晴らしい未来を築くために、毎日、素晴らしい未来を想像してほしいと思います。そのためにも、悪い想像をしてしまうような影響を及ぼすテレビやインターネットの映像や画像には気をつけてください。

たとえフィクションのドラマでも、殺人事件や事故などのショッキングな場面を見たりしないほうが、ご自身や子どもの未来のためにはいいのです（実際に体験してしまった場合、意味があって起こっているのでそうとは言えません）。

いまから二十五年ほど前、オーストラリアから日本に来た女性に次のように言われました。

「日本のテレビ放送を見て驚いた。子どもたちがテレビを見る時間帯に、殺人シーンが描かれたドラマを放送するなんて考えられない。こんなテレビ番組を子どもたちに平気で見せている日本人はおかしいよ。こんなことをしていたら、十年後、二十年後に日本では殺人事件が日常茶飯事になってしまうよ。日本人はなぜそんなことくらいわからないの？」

このように必死に私に訴えてこられたのですが、そのときの私はまだ若くて「そうかなあ？」と思う程度でした。そこまで必死に彼女が訴えてくる気持ちが心から理解できていなかったのです。

　でも、あれから二十五年。悲しいけれど、確かに殺人事件は日本で日常茶飯事となってしまいました。テレビの影響だけではないでしょうが、それでも少なからず影響を与えているのではないでしょうか。なぜなら、テレビで見た場面が脳裏に焼きつけられ、また思い出したりするため、思い描いたり想像したりしているのと同じ状況をつくり出してしまうからです。

　できれば、平和的な内容や前向きになれる内容のテレビを見たいものです。そうやってみんなで素晴らしい未来を想像し、未来を変えていきましょう。

## 神様から守られる自分に変わる

「二〇一一年十月二十八日で本当に世界は終わるんですか？」

　以前、このような質問をたくさんいただきました。古代マヤ文明の暦《こよみ》（マヤ暦）が終わりを迎えるのは二〇一二年十二月二十一日とされていましたが、スウェーデンのカール・コールマンという博士が二〇一一年十月二十八日でマヤ暦が終わるという新説を唱え、人類滅亡説が話題になっていたからです。

しかし私は、ブログなどを通じて「二〇一一年十月二十八日でこの世界は終わることはありませんし、巨大隕石は落ちてこないし、巨大地震が起こる予定もないので安心してください」とお伝えしてきました。

もちろん当日は何も起こりませんでした。しかし、世界中の人びと全員が「二〇一一年十月二十八日でこの文明は幕を閉じる」と思い念ずれば、本当にそうなる可能性もありました。人間はそんな能力を持っているのです。

カール・コールマン博士の予言を信じた約二万人の人びとが、普段は人口二百人のフランスの町の山中へと大移動したそうです。人口が一気に百倍になったのです。日本でも、長野県の洞窟にこもっている人がいると聞きました。

また、一般的に知られていたマヤ暦の終焉（二〇一二年十二月二十一日）の際にも珍現象が起きたようです。終末論信者たちがふたたびフランスの町の山中へと殺到する混乱を避けるため、地元当局が山への立ち入りを禁止しました。その結果、報道陣だけでも三百人が山の周囲に集まり、町の人口（二百人）よりも多くなるという異常事態に発展したそうです。

こういう話を耳にすると、「何かが違うのでは?」と思うのです。講演会などではいつもお話をさせていただいているように、神様から守られる自分になってさえいれば、どこにいようが、何をしていようが守られるのです。だから何もおそれなくていいのです。どうか、神様から守られる自分になるための努力を怠らないようにしてください。

## 神様から教えていただいた東海地震の予定日

二〇一一年十月におこなわれた静岡講演会で神様より教えていただいた原発や地震のことについて、本書でも少しご紹介したいと思います。

三月十一日の東日本大震災以来、
日本人の心が良い方向へと変化してきた。
他人を思いやる気持ち、家族を大切にしたいと思う気持ちが強まり、
元気に生きていることに対しての感謝の気持ちも出てきている。

以前より伝えてきた
東海地震の予定日（二〇一六年五月十三日）が、
少しズレて違う予定日となった。

さらに地震の規模は、
マグニチュード9以上で10に近い予定だったが、
ほんの少しだけ規模が小さくなる予定となった。
（理論上はマグニチュード12で地球が割れる）

東海地震、東南海地震、南海地震は来るが
人間たちの予測通りではない場合もある。
たとえば最初に東南海地震や南海地震が起こってしまうなど……。

稼動している原発のある場所には、
今後も危機感を与える予定なので、
福井県や北海道、新潟県、島根県、愛媛県なども
気をつけなくてはならない。
アメリカやフランスなど原発推進国も……。

原発で注意しなくてはならないのは、地震や津波だけではない。
使用後の人工衛星や隕石などの宇宙からの落下物が直撃したり、
原発を狙ってミサイルが飛んでくることも

このように、神様は今後の予定を教えてくださいました。富士山の噴火予定についても教えてくださっています。

タイの洪水やアメリカ東海岸で季節外れの大雪（一八六九年以来初めてだとか……）など、以前よりお話しさせていただいていた地球温暖化の加速や宇宙の嵐の影響が、地球上のあちこちに出始めてきています。

これから講演会などを通じて、その時点での最新情報をお伝えさせていただきます。もし参加できる方がいらっしゃれば、ぜひ聴きにきていただければと思います。

## 日本でも暴動が起こるかもしれない

同じく二〇一一年十月におこなわれた静岡講演会では、神様からまだまだ多くのメッセージをいただきました。その中でもとくに気になるのは、「日本でも暴動が起こるかもしれない。いまはまだ食料の奪い合いの暴動ではなく、雇用問題や年金問題など経済的なこと、政治への不満から来る暴動である。どじょうさんに暴動は止められない……」など、ＴＰＰ問題にも関連するのかなとも思える内容のお話でした。

神様は以前より「ＴＰＰ交渉に参加すれば日本が日本でなくなる」とおっしゃっています。多くの外国製品や農産物、薬品だけでなく、いずれ低賃金で働いてくれる外国人労働者もたくさん入ってきて、日本人の職場が奪われてしまい、日本文化までもが変わっていってしまうそうです。暴動が起こらないよう祈るばかりです。

## 子どもに与えるべきは夢と希望

「過去に二度、講演会に参加させていただいたものです。私の身近な方の子どもさんが、来年の春に東京へ就職するそうです。講演会では『東京スカイツリー完成後、大地震が東京に来る』とおっしゃっていましたが、もし神様が地震の時期を延ばしてくださるようなら、詳しく教えていただけないでしょうか。就職のことがあり、私もいい加減なことは言えないので……」

私がゲスト出演する講演会に参加された方から、前記のようなコメントがブログに書き込まれました。

これは、二〇一〇年の東京講演会で、神様が「東京に直下型地震が来るのは東京スカイツリー完成後になるから、いまはまだ心配ありません。人間たちが夢を抱いてつくり上げた東京スカイツリーが倒れてしまうかもしれないほどの地震が……」

というようなお話や、東京スカイツリーという巨大な電波塔からの電磁波被害についてのお話をされたときのことを言われているのでしょうか。

講演会やスペシャルセミナーで、その都度、最新情報を詳しくは話していますが、東日本大震災以降、日本に住む皆さんの心が少し良い方向へと変化してきており、神様のご計画が少しずつ変更されています。

ただ、神様のご計画（今後起こること）がどうであれ、子どもたちや若者たちに対しては、夢を持って生活できる環境をつくってあげたいと思います。

東京へ行きたいと思っている人に「東京直下型地震がくるかもしれないから東京へは行かないほうがいい」なんてことは、決して言わないでいただければと思います。私も、もし自分の子どもたちが「東京の学校へ行きたい」「東京で就職したい」と言えば、反対はせず、行けるように応援するつもりです。

「お母さんが守ってあげるから安心して行きなさいよ」

このくらい言ってあげて、送り出してあげたほうがいいのではないでしょうか。

子どもたちは「神様やご先祖様が守ってくださる」と言われるより、「何があってもお父さんがやお母さんが守ってあげる。心配しなくていいよ」と言ってもらうほうが、嬉しくて安心する場合も多いはずです。

夢と希望を抱き、これから東京へ行かれる方には、「大丈夫だから」と安心させて送り出してあげてください。そして毎日、何が起こっても必ず守られるように祈ってあげてください。これからいろいろなことが起きてきますが、だからといって行動範囲を狭めたりはしなくても大丈夫です。光のシャワー（高次元の波動）を浴びてパワーを充電できるように、この本やブログだけでも紹介していただければと思います。

## 身近な場所に修行相手が置かれている

東日本大震災以降、日本各地で地震の絶えない日々が続いています。二〇一一年十二月十四日の午後一時ごろには、岐阜県美濃東部が震源地の震度4（マグニチュード5・2）の地震がありました。その日、私は岐阜で面談がびっしりと入ってい

郵 便 は が き

恐縮ですが
切手を貼っ
てお出しく
ださい

160-0004

東京都新宿区
四谷 4－28－20
(株) たま出版
ご愛読者カード係行

| | | | | |
|---|---|---|---|---|
| 書 名 | | | | |
| お買上<br>書店名 | 都道 府県 | 市区 郡 | 書店 | |
| ふりがな<br>お名前 | | 大正<br>昭和<br>平成 年生 歳 | | |
| ふりがな<br>ご住所 | □□□-□□□□ | | 性別<br>男・女 | |
| お電話<br>番 号 | (ブックサービスの際、必要) | Eメール | | |

お買い求めの動機
1. 書店店頭で見て 2. 小社の目録を見て 3. 人にすすめられて
4. 新聞広告、雑誌記事、書評を見て(新聞、雑誌名 )

上の質問に 1. と答えられた方の直接的な動機
1. タイトルにひかれた 2. 著者 3. 目次 4. カバーデザイン 5. 帯 6. その他

| | |
|---|---|
| ご講読新聞 新聞 | ご講読雑誌 |

**たま出版の本をお買い求めいただきありがとうございます。この愛読者カードは今後の小社出版の企画およびイベント等の資料として役立たせていただきます。**

本書についてのご意見、ご感想をお聞かせ下さい。
① 内容について

② カバー、タイトル、編集について

今後、出版する上でとりあげてほしいテーマを挙げて下さい。

最近読んでおもしろかった本をお聞かせ下さい。

小社の目録や新刊情報はhttp://www.tamabook.comに出ていますが、コンピュータを使っていないので目録を　希望する　いらない

お客様の研究成果やお考えを出版してみたいというお気持ちはありますか。
ある　ない　内容・テーマ（　　　　）

「ある」場合、小社の担当者から出版のご案内が必要ですか。
希望する　希望しない

ご協力ありがとうございました。

〈ブックサービスのご案内〉

小社書籍の直接販売を料金着払いの宅急便サービスにて承っております。ご購入希望がございましたら下の欄に書名と冊数をお書きの上ご返送下さい。

| ご注文書名 | 冊数 | ご注文書名 | 冊数 |
|---|---|---|---|
| | 冊 | | 冊 |
| | 冊 | | 冊 |

て、岐阜市内にいたのですが、「ドスン！」と突き上げる感じの地震でした。

講演会で受け付けている皆さんからの質問に対する神様からのお答えの中の一つとして、「関東方面にいたカラスがいま、岐阜へ逃げて来ていて、岐阜にカラスが増えています」という内容がありました。岐阜はまだ安全な場所なのかなと思っていましたが、もうどこで何が起きてもおかしくない時代です。だからこそ、必死に自分を変える努力をし、どんなときも、どこにいても守られる自分に変わっておきましょう。

とはいえ、私たちが存在しているこの三次元は、人生修行の場所です。ですから、いろいろなことがなければ修行になりません。身近なところに修行相手が置かれていて、その修行相手に対して悪想念を抱かなくなれば「合格！」となり、次のステップに上がれるのです。合格をもらえないうちは、同じ失敗の繰り返しです。あきらめないで、ぼちぼちと努力していきたいものです。一日も早く、守られる自分に変わりましょう。

## 地球上のプレートが大きくズレる可能性も

現在、巨大地震はいつどこで起きてもおかしくない状況になっています。今後、プレートや断層が大きくズレるのは日本だけではありません。ヨーロッパやアメリカ、アジアその他の国でも可能性があります。地球上にある十数枚のプレートは、どこが大きくズレてもおかしくない状態なのです。

東日本大震災では、プレートが縦に五百キロ、横に二百キロもズレるという規模の大きさでしたが、今後はそれ以上にズレる場所があるそうです。そして今後、地球の地殻の変動期に入ると、かつて太平洋上にあったムー大陸が沈んでしまったときのように、何枚ものプレートが一気にズレる場合もあるそうです。

しかし、私たち魂の家族全員が、「絶対にそうはならない！ そんなことは起こらない！」と心から思い、祈ることで、止めることも不可能ではありません。地球も私たちも同じ生命体です。プレートと私たちの意識もつながっているのです。

また、プレートだけでなく、断層がズレるのも心配です。

今後の地核の変動予定やそれ以外に起こる予定のことについては、この本やブログでは書けないため、スペシャルセミナーなどでお話をさせていただきます。神様は、今後のご計画やご予定を私たち人間の心を見て決められます。ですから、たくさんの人間たちの心が良い方向へと変わるよう、皆さんと一緒に、一人でも多くの人に伝え、祈りたいのです。

## 地球という生命体（ガイア）の言葉

私たち人間は、これまで「もうかれば何をしてもよい」と言わんばかりに地球の資源を掘り尽くし、地球環境を悪化させてきました。その結果、自然災害（地震、噴火、津波など）の増加や地球温暖化がもたらされました。

二〇一二年四月二十二日、日本教育会館（一ツ橋ホール）で開催された東京講演会において、八百名ほどの参加者の方々全員で、私たち人間のこれまでの自分勝手な振る舞いを地球という生命体（ガイア）に対してお詫びしました。そのさい、神様は特別に、ガイアの思いを言葉というかたちで聴かせてくださいました。

その言葉を以下にご紹介させていただきます。講演会に参加されたみなさんは、涙ながらにこの言葉を聴き、そのあと全員で、神様とガイアに対して首都直下型地震を止めていただけるように祈りました。

---

アース、アース、地球の思い。

あなた方は、この地球という星の意識を、一つの、単体的意識と感じているようですが、そうではない。

複数の意識がある生命体です、この地球は。

その複数の中の一つである私の言葉を、今、この人に伝えています。

私も含め、私たち地球は、あなた方人間たちがしてきたこと、
　　また、今現在していることに対して、
怒り、怒り、怒る、怒るという感情は持っていない。

　　人間の感情と私たちの感情とは違いがある。
生命体であり、意識もあるという点は共通していますが、
言葉のコミュニケーションというものを持たない私たちの感情は、
　　人間のものとは異なる。

しかし、今の私たちの気持ちというようなものを、
　　あなた方人間の言葉に置き換えると、
落胆、落胆、嘆き、嘆きが一番フィットする。
一番ふさわしい言葉かもしれません。

私たち地球にも寿命があることは天の声にて聞かされています。
今、その寿命がどんどん短くなっていることも事実。
そのこととあなた方人間たちの心が深くかかわっています。

地球の自転が速くなっていることに
気づいている人間はどれほどいるでしょうか？
一日が、一日が早く終わる、
一年があっという間に終わる、
そう感じている人も気づいている人だといえます。

時間の流れが変わっています。
今、この地球自身の体調が悪くなってきたというのでしょうか？
あなた方人間の言葉では。バランスを崩しています。

私たちも自分の生命を守るためにさまざまな浄化をおこないます。
その過程において、火山の噴火や地震というようなことも
地表では起こっています。これからも起きます。

今後、地球の自転をいったん止めるということも
おこなわなくてはならないときが来るかもしれません。

あなた方人間や動植物の存在が、私たち地球には、
とても必要で大切なものなのです。
その大切なものを守るためにも、

今、地球自身を浄化しているということはわかってください。

決して、あなた方人間たちを苦しめるために

おこなっているのではないことは、わかってください。

私たちは、あなた方人間を愛しています。

これからもずっと共に生きていきたい。

この気持ちは、過去も未来も変わることはありません。

私たちは、人間も動物も植物も心から愛しいと

意識の上で思っていることを、決して忘れないでくださいね。

このことを伝えたくて、今日は初めて

言葉という形で気持ちを伝えるお許しを天よりいただき、

ここに今日集められた役目ある皆さんに伝えさせていただきました。

ではまた。

## 富士山の噴火前には空に十字雲が現れる

二〇一二年一月二十八日、山梨県東部・富士五湖の深さ十八キロメートルを震源地とするマグニチュード５・４の地震があり、山梨県では震度５弱を観測しました。その後も震度４や震度３の余震が続き、四日間で震度１以上が二十回ほども起きたそうです。

気象庁は、この富士五湖付近の地震と富士山の噴火とは関係ないと発表していました。しかし、これらは関係があります。

富士山の地下のマグマだまりは、その部分だけが切り離されているわけではなく、地下では他の火山やプレートともつながっていて関連性があります。東日本大震災よりも前に起きた新燃岳の噴火のときから、地下でのマグマの動きが活発化しています。富士山の近くの山梨県では、二十年前に枯渇した温泉がふたたび湧き出したり、富士宮市で地下から水が湧き出してきているそうです。

二〇一三年に入ってからも、富士山付近でさまざまな現象が続いています。たとえば、富士五湖の一つ、河口湖の水位が大幅に低下し、通常であれば近寄れない六角堂までが陸続きになっています。さらに、二〇一三年四月には、富士山の五合目付近の林道が約三百メートルにわたって陥没しているのがわかりました。

河口湖の水位低下に関しては、湖底に亀裂が入り、水が抜けたことが原因だと神様に教えていただきました。富士山の道路陥没についても、噴火と関係があるそうです。とくに二〇一二年の山梨県の気温は高く、気温上昇と富士山の噴火は関係があると神様が教えてくださいました。

最後に富士山が噴火したのは一七〇七年。約三百年前の宝永の大噴火です。マグニチュード8・9ほどの地震が起きた四十九日後に噴火したそうです。これから起こる富士山の噴火は、予定としては宝永の大噴火よりも大規模になると神様から教えていただいています。神様によれば、東京都内は火山灰どころか火の粉まで降ってくると聞かされています。

今後、富士山に関しては、よく観察してほしいと思います。富士山にも意識がありますから、その意識と対話してみてください。悲鳴を上げているかもしれませんから。富士山の噴火前には、そのしるしとして、富士山上空に十字のように見える雲が現れると神様はおっしゃっています。人目につくよう十字に光るように見える雲が出るとのことですので、今後、意識しておいてください。

ただし、富士山の噴火について怖がりすぎるのもよくありません。いまのところすべて予定ですので、「大規模な噴火を小規模に変更していただけますように」とみんなで祈り、意識改革をしていきましょう。そして、やみくもに怖がったり不安に思ったりせず、しっかりと準備を整えて、あとはのんきな気持ちも忘れず、いまを楽しみましょう。

また、すぐに噴火するわけでもありませんから、ご安心を。それから、冬用の寝袋は、マイナス三十度まで耐えられるタイプを準備するよう神様から教えられています。これは、富士山の噴火だけではなく、地球規模で起こる予定の寒波に備えてのことで、以前より神様から教えていただいています。

いま、ものがあるうちに、食料や水、その他の生活必需品も備え始めたほうがいいかもしれません。「ある日、突然始まる」と教えていただいています。始まってからでは何も買えないですから。

ただし、注意していただきたいことがあります。「備蓄品を買っておかないとダメよ！」と他の人に押し付けるのは、相手を思ってのことでも反感を持たれてしまいかねません。だから「自分はこうやって備えているよ」と伝え、それを聞いて相手の方がどう思い、行動されるのかを見守るくらいがいいかと思います。

## 息を吸うだけで毒がたまる時代に

二〇一二年の夏は、猛暑を通り越して酷暑となり、気温三十五度以上の猛暑日が、山梨県甲府市では二十一日間、群馬県館林市や埼玉県熊谷市・鳩山町、兵庫県豊岡市では三十二日間もあったそうです。また、日本全国においては、一時間に五十ミリ以上のゲリラ豪雨が一九八八年の百七十三回を上回る百八十五回も発生したそうです。すでにお伝えしたように、ゲリラ豪雨が本当に増えてきているんですね。

さらに、二〇一二年八月にやってきた台風15号は沖縄本島に接近し、最大瞬間風速は七十メートルに達すると予想されるなど、観測史上まれにみる暴風が吹き荒れました。

二〇一三年の冬も異常気象は続きました。一月十四日の成人式の日は爆弾低気圧の影響で関東圏が暴風雪に見舞われ、雪だけでなく関東地方に最大瞬間風速四十メートル前後の猛烈な風が吹くおそれがあるとの予報も出されました。

二〇一三年三月には、北海道が暴風雪に見舞われています。四人が乗った車が雪で身動きがとれなくなり、一酸化炭素中毒で亡くなられたり、雪の吹きだまりに埋もれた状態で亡くなったお父さんに抱きかかえられるようにして発見された女の子もいらっしゃいました。その女の子は無事だったようで、せめてもの救いでした。

雪に慣れた北海道の人がこのような被害を受けるのは、やはり異常気象以外の何物でもないでしょう。

加えて、中国からの大気汚染も深刻化しています。大量の黄砂だけでなく、ＰＭ２・５と呼ばれる浮遊粒子状物質も中国から飛んできています。ＰＭ２・５は直径２・５マイクロメートル（〇・〇〇二五ミリ）と非常に小さく、これを吸い込むとぜんそくや気管支炎を引き起こすとされています。

とくに、黄砂がたくさん飛んでくる時期は花粉も多く、さらにＰＭ２・５も加わり……まさに生きているだけで、息を吸うだけで毒がたまる時代になってしまいました。そのため、私は普通のマスクに加え、粉じん用のマスクを二重にはめて外出しています。もう自分の身は自分で守らなければならない時代です。みなさんもご自身でしっかり対策をしてください。

## 明るい未来のために祈りを

二〇一三年二月九日におこなわれた福岡講演会の最後に、私は参加者のみなさんに次のようにお願いをしました。

「小惑星が地球に接近していて、二〇一三年二月十六日未明、最も地球に接近するといわれています。ＮＡＳＡの発表では、いまのところ地球にぶつかる可能性はないとのことですが、地球にも意識があるように、小惑星にも意識があります。いつまでも地球人同士が仲良くできず、争っているのを見て、神様が地球規模の危機感を与えて強制的に地球人を仲良くさせる手段をとられる場合もあります。『やっぱり地球にぶつかろう！』と小惑星の意識が変わったりしないように、参加者のみなさん、一緒に祈ってください。どうかみなさんのお力をかしてください！」

ＮＡＳＡが発表した小惑星は、正式には「２０１２ＤＡ14」という名前がついています。このときに参加者のみなさんが一緒に祈ってくださったおかげで、こちらは衝突が免れました。

ところが、２０１２ＤＡ14が地球に最も接近するといわれていた前日の二月十五日、なんとロシアのウラル地方に隕石が落下し、千五百名以上もの方々がけがをされました。隕石の直径は約十七メートル、重さは約一万トンで、広島型原爆の約三十倍に相当するエネルギーが放出されたそうです。

小惑星は衝突しないといわれていましたが、今回は何だか心配で、周りの方にもその思いをお伝えしていました。だから福岡講演会の際も、参加者のみなさんに一緒に祈ってくださいとお願いしたのです。

２０１２ＤＡ14の直径は約四十五メートルで、重さは推定十三万トンとされています。これだけの小惑星がぶつかると、地球が受けるダメージは計りしれません。一億数千万年前のジュラ紀に生息していた恐竜の化石を調べたところ、胃袋に消化しきっていない食べ物が残っていたそうです。つまり、ご飯を食べて消化するまでの数時間に突然氷河期がやってきて、恐竜は絶滅したのです。

このように、何かのきっかけで突然のように起こる可能性もあるため、今回は心配だったのです。ロシアに落下した隕石と小惑星（２０１２ＤＡ14）は無関係だと発表されていましたが、「大いに関係がある」と神様は教えてくださいました。

いま、小惑星や隕石が地球にぶつかりやすい時期に突入しています。今後もこのようなことは起こり得るそうですから、私自身、引き続き祈ります。

さらに、隕石や小惑星の通過が地震や火山の噴火を誘発する場合もあるそうです。

アメリカの原子力発電所に隕石が落ち、爆発でもすれば……たちまち地球全域が放射能汚染され、上空は厚い雲に覆われ、地球の気温も急激に下がり、とんでもない文明の最後を迎えることになりかねません。

一人よりも二人、二人よりも三人と、人数が増えるほど祈りのパワーは届きやすくなります。私もそうならないように祈りますので、ぜひみなさんも明るい未来のために祈っていただければと思います。これは、宗教的な祈りではなく、何の規制もない、いつどんなとき、どちらを向いてでも、どんなスタイルの祈りでも構いません。自分なりの祈りでいいのです。

ちなみに、ロシアに落下した隕石は、地上に衝突する寸前に爆発し、いくつかにわかれました。このことに関して、インターネット上などで、「あれは他の惑星のＵＦＯが現れて破壊してくれた」と話題になっていたそうです。

講演会では、この件に関する質問も多く、その場で答えさせていただきましたが、真相は他の惑星のＵＦＯが来たわけではないそうです。いまのところ、「地球のことは地球人にさせなさい」という宇宙のルールがあるそうで、いまは手出しができないそうです。

あれは、地球外のＵＦＯが来たわけではなく、神様が高次元のＵＦＯを使って破壊されたそうです。あのまま衝突をさせたら、地上がかなりのダメージを受けることになっていたので、そのようにされたとのことでした。

## ◆魂の向上について◆

### 現状に不満を抱いている限り仕組まれない

「今年は思いがけないことが次々と起こりました。悔し泣きもたくさん。とくに仕事です。感謝して真摯《しんし》に前向きにがんばってきましたが、私に神様は振り向いてくれません。それとも何か教えてくださっているのでしょうか。

パートに出てもうすぐ三年目。社員になれるという話でしたが、まだこの状態が続くようです。悔しいです。朝は六時過ぎに家を出て、仕事も人一倍がんばっているのに……。違う道に進みなさいということなのでしょうか？」

これは、以前、ブログを通じていただいた質問です。

まず第一に、神様は、振り向かないことはありません。毎日、事細かに、私たち一人一人の心の奥底まで見ておられます。

質問をいただいた方のように、仕事で仕組まれないのは、何か心を改めなければならないことがあるからかもしれません。神様はそのことを私たち人間に教えるため、あえて厳しい体験をさせられることもあるのです。

「こんなに会社のためにがんばってやっているのに、正社員にしてもらえないなんて！」

そんな気持ちがもしあるのなら、そのあいだは仕組まれません。「世の中はこんなに不況なのに、私のような者にこうして仕事を与えてくださる会社は素晴らしい。感謝あるのみ！」という気持ちで、毎日、笑顔で仕事をしていれば、必ず仕組まれていくでしょう。

自分の心を変えれば、本当に速いスピードで状況も変わってきます。みなさんもぜひ実践してみてください。

## 戦争や震災で亡くなった方々から教わったこと

読者のみなさんは、今日という日を有意義に過ごせたでしょうか。今日という日は二度と来ることはありません。今日を、どんな気持ちで、どう生きたかで明日が決まり、未来が決まるのです。

私は毎年、ある日が来ると思うことがあります。それは、八月十五日、終戦記念日です。

「何十年も前の今日、どんな気持ちで当時の方々は終戦を迎えられたのだろうか……」

そう思いをはせるのです。

三百十万人ほどもの方々が、日本のため、後に残される私たちのために勇気を出し、先に幽界（四次元）へと旅立たれました。私は、その方々を「犠牲者」とは呼びたくありません。それぞれがあまりにもご立派で、私たちに平和の大切さ、人間にとって何が一番大切かを、命懸けで教えてくださった大切な方々なのです。

戦地でお亡くなりになられた方々だけではありません。原爆や爆弾などでお亡くなりになられた方々も、大切なことを私たちに教えてくださっています。

でも、あれから今年で六十八年経ったいま、先立たれた素晴らしい方々がいまの日本社会を見たらどう思われるでしょうか。

大切な人の命を粗末にしたり、神様からお預かりしているだけの大切な子どもを虐待したり……。

広島や長崎で原子爆弾に打たれてお亡くなりになられた方々から、散々、核の恐ろしさを教えられているのです。にもかかわらず、利権にからむ人たちが中心となって率先して原子力開発をおこなってきました。その結果、日本の国土は福島第一原発からの放射能漏れで、ふたたび放射能に汚染されてしまったのです。

六十八年前に、お国のために勇気を出して先立たれた素晴らしい方々が、こんな現状を見たらどう思われるでしょうか。「こんな日本になってしまったのか」と落胆されるでしょう。私は、その方々に申し訳ない気持ちでいっぱいになり、八月十五日の終戦記念日に黙祷《もくとう》しながら涙が頬をつたいました。

二〇一一年三月十一日もけっして忘れてはならない日です。震災で、私たちより先に幽界へ誕生していかれた素晴らしいみなさんが、私たちに教えてくださったことを忘れないようにしなければなりません。でなければ、「私たちが忘れてはならない日」が今後もさらに増えていきます。

本書を読まれているみなさんといっしょに、日本中を平和の波動と光で包み込み、それを全世界へと広めていきたいと思います。愛と感謝。どんなときも忘れないでほしいのです。

## 心が疲れたときは本当の故郷をイメージする

現代はストレス社会といわれるように、仕事で疲れたり、人間関係で悩んでいる人がたくさんいます。でも、肉体があるといろいろな制約があって不便ですが、いつでもどこでも魂（心）は自由なのです。

心が疲れたときは、目を閉じてみてください。そして自分の魂（心）の本当の故郷である霊界とつながってみるのです。

想像してみてください。そこはとても穏やかな気候で、空気も水も澄んでいて、美しい田舎のような風景です。何の争い事もなく、悩みもなく、もちろんストレスもない平和な世界です。

毎日が楽しくて幸せに満ちあふれ、自分の本当の両親も、兄弟、姉妹（霊界の家族）も毎日笑顔で仲よく暮らしている。美しい音楽が流れ、さわやかな風が吹き、お花畑や小川のせせらぎに心が癒される……。

本当の故郷である霊界はそんな場所です。リラックスしてそんな霊界のイメージをしていると、やがて霊界とつながって疲れた心が癒されるでしょう。

## 現状を変えるなら、まず自分の心を変える

なぜ笑顔でいられない日があるのでしょうか。

なぜ人のせいにしてしまうことがあるのでしょうか。

いま、あなたに起こっていることは誰のせいでもありません。すべて自分が（心が）つくり出しているのです。

つらい現状を変えようと思うのであれば、いまの自分の間違った心を変えない限り、状況は何も変わりません。むしろ悪化していく場合もあります。

現状を変えたい場合、まず人のせいにする癖を直す必要があるかもしれません。

「いまこの状況は、少し前の私の気持ち（心）が現実のかたちとなって現れているんだ。この現実を変えたいから、反省してまず自分の心を変えよう」

このように、即、気持ちを切り替えて笑顔になるのです。笑顔の人の周りには、たくさんの笑顔の人びとが集まり、幸せの輪が出来ます。

自分が良い変化をしていけば、周りもどんどん良い方向へと変化していくものです。そうなると、その周りの変化が嬉しく、楽しくなり、もっとがんばろうと思えるのです。

一方、不平不満ばかりを口に出していれば、今度はその人が周りから不平不満を言われるようになります。愚痴を言っていたら、これからもどんどん愚痴を言いたくなるような出来事ばかりが引き寄せられてくるのです。このことに早く気づいてほしいと思います。

イライラ虫が騒いだときは、「神様がその相手を使い、自分を試そうとされているのだ」と理解し、気持ちの切り替えを意識してみてください。きっと変われますから。

## ありのままの自分を受け入れる

「どうしてもこの人にだけは素直な気持ちになれない。この人にだけは負けたくない」

そうやって、他人と比較したり、意地を張っている人がいます。でも、自分の気持ちに素直になってほしいのです。

そうやって相手と自分を比べていたら、自分の心が疲れてしまいます。さらに、そんなふうに思った時点で、相手を超えることはできません。どちらの人間が勝っている、負けている、なんてないのです。

相手と比べること自体がナンセンスです。あなたはあなた。私は私。ありのままの自分でいいのです。そんな自分を受け入れて、いたわり、ねぎらってあげましょう。

素直な自分が出てくれば、不思議と苦手な人がいなくなるものです。そして自分の気持ちに余裕が出来て、生きるのが楽しくなるはずです。

## アスペルガーや自閉症は「役目」の場合も

「アスペルガーや自閉症はどのような原因があるのでしょうか」との質問をもらったことがあります。原因というのは個々に違いますが、私がこれまで神様による霊査というのをさせていただいた方々に限り、多かった例を前提に説明したいと思います。

アスペルガー症候群や自閉症のお子さんの多くは、「お役目」としてこの世に生まれ出てきています。前生の罪やカルマのせいではありません。その家族の魂の向上のために、この世に降ろされた天使のような存在なのです。だから、きっとご家族は、その子がいなければ、気づけないことや学べなかったこと、あるいは理解できなかった人の気持ちに気づかれたはずです。

アスペルガーや自閉症の子どもさんの魂は純粋で美しいので、汚れた心の人びとが増えてしまった現代社会では適応しにくいかもしれません。ですが、そんな子どもさんの存在で、ご家族や周りの方々が救われていくのです。

だから、ご自身がアスペルガーや自閉症を患っていたとしても、けっして自分を責めたりはせず、自信を持ってほしいと思います。アスペルガーや自閉症の方の魂はとてもピュアなので、この生きにくい社会ではつらいこともたくさんあるかもしれません。でも、ぜひ自分らしく、肩の力を抜き、自然体で生きてほしいと思います。

## 神の存在を意識して行動する

私たちは日々努力をし、神様に一歩でも近づけるようにしていきたいものです。

次にご紹介するのは、二〇〇九年六月二十五日の朝、神様からいただいたお言葉のほんの一部です。皆さんの魂の向上のために、参考にしていただけたらと思います。

常に神の存在を感じ、
神の存在を忘れないでいればそれでいい。
そして「神ならどうするのか？」
と考えて日々、行動をする。
神は人に愚痴は言いません。
神は目上の人に横柄な態度はとりません。
神は車の運転中、
前の車がノロノロとマイペースで走り、
下手な運転をしていてもイライラしたりなどしません。
神は、これは悪いこと、
罪なことだと教えてもらったら、
必ずそれは守ります。

みなさんも、反省する面があるかもしれませんね。神様の存在を意識して、神様ならどうするかと考えて、日々行動していきたいものです。

いま感じているつらさや苦しみは、すべて自分の未来の「幸せ」「楽しさ」のためです。ですから、自分のペースでぼちぼちと乗り越えてほしいのです。あなたは必ず幸せになれますから……。一緒に進みましょう。

## 失敗するほど魂（心）の輝きが増す

「自分がいつもブチ当たる壁……今日はあまりにも苦しいのでコメントさせてもらいます。真面目すぎて面白みがない、冗談が言えない、真に受けてしまう、自分の感情が素直にうまく表現できない、真面目でいなければいけない、こうなければいけない……そんな思いが自分を縛りつけてしまいます。自分を必要以上に責め立て、追い詰め、精神的に苦しく、強迫観念みたいになるときがあります」

こんなコメントを寄せてくださった方がいます。まず、ここまで自分自身を知っている方は素晴らしいと思います。自分の良い点や悪い点に気づけない人が多いのに、この方のように自分自身を理解しているということは、あとは自分で直そうと努力すればいいだけだからです。

ただし、たとえ直せなかったとしても、結果は二の次と思うことが大事です。神様は、結果を出せとは言われません。がんばって直そうと努力している姿を見て、いろいろなご褒美をくださるのです。

神様からのひと言メッセージを――。

「人生、失敗すればするほど魂（心）の輝きが増す」

いかがですか。自分は自分ですからね。人と比較せず、自分のペースでぼちぼちいきましょう。

## いつも同じ数字を見るのは意味がある

「33という数字がいつも目につきます。何か意味があるのでしょうか?」という質問をもらったことがあります。この数字を見た方に対する神様のメッセージは、以下のとおりです。

「人の話を聞いているようで、聞いていないところがある。だから、相手の思いを理解しきれていない。無意識に、自分の思いや考えを相手に押しつけてしまうところもあるから、もっと耳……33を使って相手の話をまずじっくりと聞き、もっとかみ砕いて理解していくように」

神様はこのようにおっしゃいました。身の回りの出来事には、神様のメッセージがあるものです。みなさんも意識してみてはいかがでしょうか。

ほかにも、時計がゾロ目になるのがよく目につく方もいます。そうした方の場合、宇宙意識(神様)と波長が合ってきているというお知らせでもあります。こうした身の回りの出来事を見逃さず、意味を見出していきたいですね。

## 苦しみは魂を向上させる試練

仕事が忙しく、余裕を失っている人が少なくありません。「クリスマスやお正月、夏休みなどのイベントや長期休暇も仕事で、楽しく過ごしている周りの方がうらやましい」といった愚痴（？）をブログのコメント欄に書きこまれた方もいらっしゃいました。

じつは私も休日がほとんどありません。たとえば、以前のクリスマスでは、ケーキを食べる十五分間だけ、クリスマス気分に浸りました。私の場合、たったそれだけのクリスマスでしたが、「この地球文明を一瞬でも楽しむ努力はしなくてはいけないのかな」と、最近は少しずつ思えてきました。

つらいことや苦しいことがいっぱいあると、楽しめるどころではないかもしれません。ですが、神様は私たちに楽しいと思って過ごしてほしいと思っておられます。

神様は、次の言葉を広くみなさんに伝えるように言われました。

あなたはかわいい神の子ども。
あなた……かわいい子どもが笑顔で楽しそうにしてくれている姿を見るのが我々の一番の喜び。
しかし、あなたの魂を向上させるためには、ときには試練を与えなくてはならない。
試練がつらくて、泣いていたり、
悲しんでいるあなたの姿を見るのは、神もつらい。
何とか早く乗り越えて、
ふたたび笑顔で過ごしてほしいと思うのです。

乗り越えられない試練を与えたりはしません。
あなたがつらい、苦しいと思い泣いているとき、
いつも我々は、そっとあなたの傍らで
見ていること忘れないでください。
早くあなたを幸せにしてあげたいといつも思い、
近くで見守っていますから……
かわいい我が子よ……

「神様に喜んでいただくには、つらくても笑顔でいなくてはいけないんだ」と私自

身も思いました。この言葉をいただいた日は、神様の深いご愛情を感じずにはいられない一日となりました。

## 人にはそれぞれの役割がある

じつは最近、講演会にお坊さんが結構、参加されています。以前、ある講演会に来られたお坊さんは、私が読ませていただいた神様のメッセージを聞かれて何か感じていただいたようです。「そのメッセージをお寺に貼っておきたいので、もらっていいでしょうか」と言われました。私はすぐ、その方にメッセージを差し上げました。

ここで、そのメッセージをご紹介したいと思います。前著（『一人じゃないよ、みんなつながっている』）にも掲載してありますが、改めてご紹介させていただきます。みなさんも魂で何かを感じてもらえると嬉しいです。

人には、それぞれの役割があります。
あなたの役割は、あなたにしかできません。
この地球…いえ宇宙を探し回ってみても、
あなたと同じ人間を探すことはできない。
あなたは、たった一人の大切なあなたなのです。

「自分に役割なんてあるのだろうか？」と
思っている人も結構いますが、もちろんあります。
あなたがいま、
この地球上に存在しているということだけでも
重要な役割なんです。

なぜかというと、
人の魂と魂というのは
ジグソーパズルのごとくつながっていて、
その中の重要なひとつだからです。
あなたの魂は…。

もし、ひとつが欠けてしまえば、
パズルはうまくつながらなくなり、
あなたの周りのパズルの魂の人へと
悪影響をおよぼしてしまいます。
だから、あなたは欠けては困ります。

つまり、あなたが生きているということだけで、
あなたは、あなたの役割を立派に果たしているのです。

わかりますか？
これは人間界のしくみです。
つらいこともあるでしょう。
逃げ出したくもなるでしょう。

いつもあなた方を見守っている
私たちには、よくわかります。
でも、自ら、その魂のつながりを断つことだけは、
やめてください。

自分は、かけがえのない、
たったひとつの貴重な存在なのだと

早く気づいてください。
そして、自分の魂とつながりのある魂を
大切にしてあげてください。
あなたの魂が永遠に存続するためにも…。

私たちの魂はつながっています。だから、いつも一緒なのです。一人なんかではありません。これからもずっと、永遠に一緒ですから。安心してくださいね。

## いまをがんばって人のために生きる

岐阜、愛知を拠点に活動している『ＮＪＫ』というポップスユニットがあります。

私がゲスト出演させていただいている講演会でもよく演奏をしてくださるので、その癒しの音楽にうっとりされた経験がある方も多いかもしれません。
じつは、ＮＪＫさんの歌の中で、一曲だけ、歌詞のほんのごく一部分だけですが、私がつくらせていただいた曲があります。まず、その歌詞をご覧になってみてください。

**『道〜On The Road〜』**

悲しくて　悲しくて　心折れた日も
それでも　明日はまたやってくる

苦しくて　苦しくて　逃げ出したい時も

それでも　家族は支えてくれた
未熟な分だけ　人のせいにして
半端な分だけ　人を傷つけて

どれほど愛を　なくしてきただろう
どれほど夢を　捨ててきただろう

それでも僕は　また立ち上がり
信じた道を　歩き続けたい

会いたくて　会いたくて　眠れない時は
君の笑顔の数　数えてみる

切なくて　切なくて　涙あふれても
いつか　思いは届く日がくる

未熟な分だけ　人を愛して
半端な分だけ　人を信じて

消せない愛を　見つけてみようよ
消えない夢を　探してみようよ

誰かのために　生きられるならば
振り返らずに　歩き続けたい

誰かのために　生きられるならば
振り返らずに　歩き続けよう

この曲が完成したころ、私は子どもたちと離ればなれになり、一人で生活をしていました。毎日、心は苦しいけど、いまをがんばって人のために生きていれば、また子どもたちと一緒に住める日が絶対に来る……そう信じて、家具も物もほとんどない部屋で、一人でこの歌をうたっていました。毎晩、子どもたちの笑顔を思い浮かべて涙を流していたころが、いまではとても懐かしく思い出されます。

この歌は、NJKのボーカルのJUNくんが甘い声で歌うと、とても魅力的です。機会があれば、みなさんも聴いてみてくださいね。

## いまの苦しみは、未来の幸せにつながっている

私は、いまだに二十代にだけは戻りたくないと思うほどに、二十代に大きな試練がありました。そのとき、神様が次のようにおっしゃってくださいました。

人間の幅を広げるため、器の大きな人間になるため、
若い時の苦労は買ってでもしなさい。
あまり先のことばかりを考えないで、
不安がらないで、とにかく今日一日を精いっぱい、
悔いなきように過ごすことのみ考えなさい。
そして……楽しみなさい。

苦しい思いをしていた当時、神様からこのお言葉をいただいて随分と救われました。いま、当時の私と同じようにつらく、苦しい思いをされている方がたくさんいらっしゃると思います。でも、その苦しい思いは、すべて未来の幸せへとつながっ

ているのです。だから、自分の直感を信じ、楽しく前向きに過ごしてほしいと思います。

## 人間が人間を裁いてはいけない

神様が定めた宇宙のルールとして、私たち人間がやってはいけないことが三つあります。それは、「原子を分解すること」「人間が人間を裁くこと」「人間が人間をつくること」の三つです。原子の分解についてはこれまで何度かお伝えしてきていますので、ここではあとの二つについてご説明します。

まず、人間が人間を裁くことについてです。

私が「人間が人間を裁いてはいけません」とお伝えすると、「間違っている人に間違っていると指摘してはいけないのでしょうか」「裁判員裁判に出席しないといけなくなった場合はどうすればいいのでしょうか」など、いろいろな質問をされる方がいらっしゃいます。

間違ったことをしている人に、「間違っているよ」と伝えてあげるのは悪くありません。それは裁くことではないからです。

では、裁判員裁判に出席することはどうなのでしょうか。これに関して神様にお伺いすると、「国民の義務として決まったことなので、参加するのは罪ではない」とおっしゃいました。

また、死刑判決が下され、死刑が執行された場合、誰の罪が一番大きいのかとも神様にお伺いしました。すると、「その人の死刑の執行命令をした法務大臣が罪が一番重い」とおっしゃったのです。なぜなら、法務大臣が執行命令を下さなければ、死刑を先延ばしにすることができるからです。

私は、死刑の実行をした人かと思っていました。しかし、実行する人は法務大臣の執行命令に従って法務をまっとうしているにすぎません。死刑の執行を命じたのはあくまでも法務大臣なので、法務大臣の罪が一番重いのです。人間が人間を裁いてはいけないにもかかわらず、死刑の意思決定を下すのは罪が重いということです。

次に、人間が人間をつくることについて説明します。

二〇一二年十月、iPS細胞（人工多能性幹細胞）を開発した京都大学の山中伸弥教授がノーベル医学・生理学賞を受賞しました。iPS細胞は万能細胞とも呼ばれ、あらゆる種類の細胞に変化できる性質を持ち、再生医療への応用が期待されています。

iPS細胞は、医療だけに使われるととても素晴らしい研究でしょう。しかし人間は「もっと、もっと」という欲望をもっています。たとえば、可愛い子どもを事故で亡くしたとき、「あの子ともう一度暮らしたい」という強い思いが引き金となり、同じ子どもをつくってしまうことにもこの研究はつながりかねないのです。

そうやって人間が人間をつくるのは宇宙のルールに反しており、大きな罪となります。人間をつくった人に対する罪ばかりでなく、「それは人間の生態系を狂わせることにつながり、地球規模のしっぺ返しが人間にもたらされる」と神様はおっしゃっています。

かつて太平洋上にあった、それはそれは大きなムー大陸……そのムー大陸でも、ムー文明のときにクローン人間がつくられていたと神様より教えていただきました。核ミサイルもどんどんつくっていて、「これ以上、人間たちにやりたい放題させていては地球が破滅する」と神様は判断され、巨大なムー大陸はあっという間に海底へと沈んでしまったのです。ｉＰＳ細胞はとても素晴らしい研究ですが、同時に恐ろしさも感じてしまいました。

再生医療が実用化にいたっていない現在では、回復の見込めない臓器は移植する措置がとられます。しかし、臓器を移植しなければならない体で生まれたとしても、そのこと自体に意味がある場合もあるのです。

理由なく病気になるわけではありません。ですから、その原因が何かを究明しておかなければ、たとえ臓器を移植しても、また次は別の臓器に不具合が出て再度移植をする必要が出てきたりする場合もあるのです。

病気は霊障（その人の前生のおこないによって恨みの霊がついていたり、今生で霊が体についたりすること）が原因となっている可能性もありますが、そのご本人やご家族をよくするために病気になることもあるのです。

病気は悪いことばかりではありません。以前、個人面談に来られた方は次のようにおっしゃっていました。

「がんにならなければいまの私はありません。がんになる前の私をいまの自分が見たら恥ずかしいです。プライドが高く、高慢な人間だったので……病気になったからこそ人の痛みがわかるようになりましたし、家族との時間を過ごすこともできました。大切なものを見失っていたと気づけたのです」

この方は、テレビ関係の仕事に就いていた人で、周りが持ち上げてくれるような環境にいたようです。急にがんと宣告され、ご自身の生き方を見つめ直す契機になったのです。幸い早期発見だったこともあり、手術でがんを克服されました。いまでは周りの人から「変わったね」と言われるそうです。

このように、病気はけっして無駄ではないのです。病気は、霊障ばかりではなく、意味あってその人に与えられる試練という場合もあるのです。

また、若くして脳腫瘍と肺がんを患われた方に、神様は次のようにおっしゃいました。

「あなたは『がんは憎い』と思い、がんと戦おうと思っていませんか？　そんな気持ちがあっては治らない。がん細胞に感謝しなさい。このがん細胞もあなたの体の中にもともとあった細胞なのです。それが、あるきっかけで増殖しているだけです。今日から、自分の体の中にあるがん細胞に『ありがとう』と言ってあげるのです」

　相手は何であれ、戦うという感情は人間の心の中には必要ないということを、この神様のメッセージから学ばせていただきました。戦うという気持ちがある限り、いつまでも戦いは続くのです。

　病気を前向きにとらえて明るく前に進んでいく人と、クヨクヨ、メソメソと落ち込む人。この両者では行き先が変わります。病気になっても、どうか、前向きにとらえていただければと思います。

## 経営者の個人面談が増加

個人面談に来られる方は、やはり病気の相談が一番多いのですが、最近は経営者の方の面談が増えています。会社の経営に関する相談であれば、経営コンサルタントなどに依頼する方法があります。ですが、何かほかにも原因があるのではないかと思い、私のもとに来られるのです。

以前、かなり多くの従業員を抱える経営者の方の個人面談をおこないました。電力会社の下請けで業績を伸ばしてこられたのですが、福島第一原発事故の影響で発注がピタリと止まり、倒産寸前の危機的状況に追い込まれてしまったのです。

「このままでは会社を維持することができない」

そう危機感を覚え、リストラも辞さない覚悟でした。そのため、面談の際に従業員の写真付きの履歴書を持参し、「誰を辞めさせたらいいでしょうか」とおっしゃるのです。経営者にとって、従業員を解雇することほどつらいものはありません。

その方は本当に悲痛な表情でした。

履歴書の従業員の方々の写真を見ながら、「この人はこういう仕事が合っている」「こういう場所に移動したらいい」など、神様は具体的に細かく教えてくださいました。さらに、その方は融資をしてくれる先がないとおっしゃっていましたが、具体的に誰に相談に行けばいいのかまで教えてくださったのです。

個人面談終了後、その方は神様が言われたことを素直に実行されました。すると、次第に会社の状況がよくなっていったのです。その会社は電力会社の下請けの仕事がメインでしたが、それ以外に介護関係の製品もつくっていました。その製品の注文が多く入るようになり、経営がよくなっていったのです。さらに、大企業との新規取引も始めることもできたようです。

このように、神様の言葉を素直に実行されることで、仕組まれていくのです。

私は最近、企業の方などから経営の相談を受ける機会が増えたため、はたしてスピリチュアルカウンセラーという肩書でいいのだろうかと思っていました。すると神様から、「あなたに透視ジャーナリストという肩書を与えます」と言われたのです。現在は、スピリチュアルカウンセラーという肩書に加え、透視ジャーナリストとして活動しています。

## 個人面談では写真を持参してもらう

ほかにも、ホテルを三軒、経営されている方が面談に来られたことがあります。個人面談をする際には、常々、気になる場所の写真を持ってきてくださいとお伝えしています。その方の場合、ホテルの外観や内観のお写真を持参されました。そして、「内装工事をしてリニューアルオープンしたいと考えています。どのホテルから始めたらいいでしょう」と相談されました。

写真を拝見すると、一軒、とても地縛霊の多いホテルがありました。

「このままではそのホテルの経営がさらに悪くなるので、地縛霊をひろってくださ い」

そうお伝えすると、「一番好立地にあるホテルなのに、なぜお客さんが少なかったのか。その理由がようやくわかりました」とおっしゃっていました。

ほかにも「このホテルはこういうサービスをすればいい」「このホテルではこういうキャンペーンをするといい」など、具体的な方法を神様から教えていただきました。どうして神様がそんなに詳しいのかと思うほどの内容で、私もびっくりしたほどです。


あるお医者様ご夫婦の個人面談をさせていただいたときのことです。その方の場合、まず奥さんの個人面談をさせていただきました。奥さんが難病を抱えておられたのです。

面談に来られた奥さんは、強いステロイドの影響で、顔色が悪くつらそうなご様子でした。しかし、神様がおっしゃることを素直に実行されたことで、五カ月後にお会いしたときには顔色がすっきりとよくなられ、表情もいきいきし、若返られていたのです。ステロイドの量も四分の一に減ったとのことでした。

ご主人であるお医者さんは、奥さんの回復ぶりを大変喜んでおられました。

「私は医師だからわかりますが、こんなことは普通ではありえないことです」

そうおっしゃったのが印象的です。

こうして、医学では難しい奥さんの病気が以前より良くなられたことで、病院の人事面での相談も受けることになったのです。面談の詳しいことはお伝えできないのですが、神様からいろいろと詳しく教えていただきました。

ちなみに、このご夫婦と私は前生でつながりがありました。このご夫婦は前生は兄弟で、なんと私のいとこだったのです。

このご夫婦の面談当日の朝、神様から「今日最初に面談に来る人は、あなたのいとこです」と言われました。どんな方なのか気になり、その日の面談予定表を見ると、一人の女性の名前が書かれていました。「その女性が私のいとこかな」と思い、面談のために出向くと、スタッフから、「最初の方が急にキャンセルになり、ご夫婦に急きょ代わりに入っていただきました」と言われたのです。

「キャンセルした人とこのご夫婦と、どちらの方が私のいとこだろう」と思っていたところ、神様から「代わりに入った夫婦があなたのいとこです」と言われ、「これもなるべくしてそうなっているのかな」と思い、わくわくしながら面談をさせていただきました。

でも、「いとこなのに夫婦で来られるのはどういうことかな」と思っていたら、霊査の中で、そのお二人が兄弟だったということがわかりました。「前生で私たちはいとこ同士だったんですよ」とお伝えすると、ご夫婦ともにとても喜んでいただき、私もとても嬉しく思いました。

## 神様から言われたことを素直に実行する

ほかにも、大学の理事長さんの面談をさせていただいたり、最近では個人でお店を経営されている方からの相談も多くなっています。個人経営の場合は、とくにご夫婦の仲の良さが商売に大きく影響しています。ご夫婦の和ができていないと商売がうまくいかないのです。

あと、掃除や整理整頓ができているかどうかも商売に影響します。というのも、汚いオフィスや雑然とした場所は地縛霊や浮遊霊が大好きだからです。お客さんが出入りする場所は、霊の通り道でもあります。そういう場所がきれいにしてあると、霊は居づらくなり、すぐ出ていってしまうのです。

一方、汚い場所は霊が大好きなので、どんどん集まってきてしまいます。地縛霊をひろうのも大事ですが、日ごろから掃除や整理整頓を心がけるのも大事だといえるでしょう。

あとは、神様から言われたことを素直に実行することが大切です。素直に実行されると仕組まれていきますが、実行せずに倒産した会社もあります。

倒産したある会社の社長さんは、女性の方でした。もう倒産は免れないにしても、「いまならまだ被害を最小限に食い止めることができる」と神様がおっしゃられました。その方は、滞納している税金だけは納めたいので、お金を借りたいと言っていたのです。しかし銀行の融資はストップしているので、個人から借りるしかありません。ですが、「被害者を増やすだけなので絶対に借りてはいけません」と神様は強くおっしゃいました。

ところが、その方は神様の指示を守らず、同級生や親戚から何百万円というお金を借りてしまいました。結局倒産し、いろいろな人に迷惑をかけるはめになってしまいました。このように、神様のおっしゃることに耳を傾けず、自分勝手な行動を続けている限り、仕組まれることはありません。

神様は、一見すると会社の経営とは関係のないようなことも言われます。たとえば以前、「親に会って謝ってきなさい」と言われた経営者の方もいました。親と一緒に経営しているわけでもないのに、です。

ですが、親に謝ることで何かが変わるのです。たとえば、プライドがとれ、それによって従業員に対する接し方が変わるなど、微妙な変化が大きな変化につながっていきます。親に謝るというのはその方のケースですが、あくまで自分を変えるきっかけが大事だということです。

それを素直に実行することで、次が見えてきます。さらに、意外な協力者が現れたりすることもあります。神様の言われたことに素直に耳を傾け、素直に行動するからこそ状況が改善していくのです。

## ◆病気について◆

### 「自分はどうなりたいのか」を考えるのが大切

「先天性の心臓病に悩んでいます。じつは、あるドクターにお会いでき、検査を受けることになりました。将来的に、酸素のチューブを外して生活できるようになるといいなと思い、少し光が見えてきたと喜んでいました。

今朝、胸が締めつけられるように痛くて、ニトロを服みました。それで治れば、狭心症だと言われていましたが、やはり狭心症のようで怖くなりました。これ以上、苦しい思いはしたくないです。元気になり、歩き回りたいんです。

母に親孝行をしたくて、一緒に大森さんの『WATARASE』を読んで励まし合ってきました。大森さんに勇気をもらって、これからもがんばろうと思っていますが、病名が増えるのはつらいです。検査を受ける時期など、アドバイスがあれば

もらえないでしょうか。この先、私はどうなるのでしょう。いまは、不安がありま
す」

以前、ブログのコメント欄を通じてある方からこのような相談がありました。やはりお体のことだけに、本当に心配になると思います。ですが、むやみに不安を抱きすぎないほうがいいかもしれません。「すべて神様にお任せしよう」という気持ちになり、「自分もつらいけれど人のために生きてみよう」と思うことも大切です。

ブログにコメントを書けるというのは、目が見えてパソコンで文章が打てるということです。メールを打てば世界中に友だちをつくることができますし、つらく苦しんでいる方をメールで励ますこともできます。

この相談をいただいた方は、「元気になって親孝行がしたい」とおっしゃっています。本当に優しい気持ちを持たれた素晴らしい方なのでしょう。だからこそ、自分に自信を持ってほしいと思います。

「この先、私はどうなるのでしょうか」と心配するのではなく、「この先、自分は

どうなりたいか」を考えることも大切です。自分の未来は、自分でつくっていくことができます。宿命というものがあるにしても、その宿命を心次第では変えていくことができるのです。

だからこそ、まず自分がどうなりたいのかを決めてほしいと思います。そして、元気になって自分で歩き、お母さんと外出したり、旅行を楽しんでいる情景を、毎日、頭の中で想い描くのです。

心臓にばかり意識が向くと、自分で狭心症らしき症状をつくってしまう場合もあるそうです。その場合でも、ニトロを飲めば症状が治まると聞きました。

でもこれは、ニトロを飲んだことで「もう大丈夫」と安心するから治まるのです。体のどこかに病気を抱えている方は、夜寝る前にその箇所に「ありがとう」と百回言ってみてあげてください。不思議な奇跡が起きるかもしれませんから。

## 持病の再発は神様の試しの場合も

ゲスト出演させていただいている講演会では、「霊を切る」というのをさせていただくことがあります（すべての講演会でおこなっているわけではありません。事前にご確認ください）。これは、体に憑いている、悟る見込みのない悪い霊のみを、神様の力によって文字通り体から切ってしまう業《わざ》のことです。ちまたの除霊とはまったく違い、一度切ったその霊は、二度とその人の体へ戻ることはありません。

こうして霊を切ることで、その方の本来の体調へ戻る場合が多いのですが、それでも、一旦は落ち着いていた持病の症状がまた出る場合がごくまれにあります。

ブログの読者の方のなかにも、過呼吸の発作が講演会後にまた出てしまった方がいらっしゃいました。発作が再発した理由は個人によって異なるため、個人面談で霊査をしないと正確にはわかりませんが、一般的には、切れないご霊さんが憑いている可能性が高いようです。

霊を切らせていただく講演会では、今後も悟る見込みもないと神様が判断された切れる霊（みなさんに災いをもたらす悪い霊）のみを神様が切られます。もちろん、参加者の方々のご先祖様の霊や背後霊さんなどは切られません。

あの「霊を切る」という業をおこなっている間は、それはそれは、すごいパワーで会場内が満たされています。まるで光のミキサーの中に入っているような状態となり、恨みを持って人の体に憑いている切れない霊たちにとってはかなりの苦痛です。切れない霊たちは、その後、機嫌を損ね、それが何らかの症状を起こす場合があるのです。

しかし、そうではなく、神様から試しが入るというケースもあります。神様は、その人への期待が大きい場合、あえて何らかの矛盾を与え、その人の心が本物かどうかを試されます。「講演会で霊を切ってもらったのに、なぜまた症状が出るの」と不思議に思われた方の中には、そうやって神様から試されている可能性もあるのです。

でも、いずれにしろ、どちらのケースも良い方向へ向かう一歩ですので、ぜひご安心いただければと思います。

過呼吸やパニック障害のみなさんの恐怖心は、もとをたどれば死ぬことへの恐怖心が影響しているようです。まず、症状が出ても、「自分は絶対に死なない」と強く思うことです。肉体的疲労、精神的疲労（ストレス）に不安感や緊張感が重なると、発作が起きやすいようです。ですので、これらの要因が重ならないように心がけてください。

人間は死んだら終わりではなく、次の段階へと進むだけです。だから「このまま死んだらどうしよう」と思わず、「なるようになる。死んでしまったらそのときはそのとき」という程度に考えてみるのも一つの方法かもしれません。

過呼吸やパニック障害で苦しまれている方がいらっしゃれば、ぜひリラックスし、気持ちを楽に毎日を過ごしてもらいたいと思います。

## 病気の場合は霊的な原因を解消することも重要

ブログ読者の方や、個人面談に来られる方の中には、がんに苦しまれている方もたくさんいらっしゃいます。

一般的には、ご霊さんがかかわってがんになられている場合、手術や抗がん剤治療、あるいは放射線治療などでがんを切除したり小さくすることも大切ですが、それだけでその方の体に憑いているご霊さんが救われることはありません。結果として、ふたたび転移や再発というかたちで現れる場合が多いようです。

霊的な原因がある場合、その原因を根本から解消することで、転移や再発がなくなるケースが非常に多いものです。がんの治療法にはさまざまなものがありますので、手術で全摘出と簡単に決めるのではなく、自分の大切な体を守るためにも、いろいろな先生に相談されるのもいいかと思います。

その時に迷ったら、「先生がいま、私と同じ状態だったら、どの治療方法を選びますか」と聞いてみてください。がんは治らない病気ではありません。ですから、あきらめずに希望を持ち続けてほしいと思います。

## ◆奇跡について◆

### 人間は人生を良い方向に変える力を持っている

以前、体調が悪かったのにもかかわらず、私がゲスト出演している講演会のチケットを買われたとたん、体調がよくなった方がいらっしゃいました。じつは、こうした奇跡は本当によく起こっています。

この方の場合、ご先祖様のご霊さんが影響していました。ご先祖様はこの方と一緒に講演会に参加し、自分たちも救われて楽になりたいと思われていたようです。だから、この方が「講演会に行こう！」と決めてご先祖様の霊が安心なさったため、体調がよくなったのです。

すべての物事はつながっています。ですから、偶然ではなく、意味があって起こるのです。この世の中に偶然は何一つありません。すべて起こるべくして起こっているのです。なぜそうなったのかの原因を知ることで、災いはなくなっていきます。そして、良いことをさらに引き寄せることも私たち人間にはできるのです。

私たちは、人生を自由自在に変えていける能力を持っています。ぜひ早くこの能力を開花させて、みんなで一緒に至福の幸せの扉を開きましょう。

## パニック障害の娘さんに起きた奇跡

以前、博多の紀伊國屋書店でおこなわれた書籍のサイン会で、とても嬉しいことがありました。そのサイン会よりも前に福岡でおこなわれた講演会に、あるご夫婦が参加されていました。そのご夫婦の娘さんは重いパニック障害で、外出できないとの悩みを持たれていました。そこで私は、そのご夫婦に「神様によく祈って奇跡をいただき、次回の講演会では娘さんと一緒にご参加くださいね。娘さんの邪魔をしている悪い霊を切りますからね」とお伝えしました。

するると、書籍のサイン会に本当に娘さんを連れて来られたのです。娘さんは重度のパニック障害のため、外に出るのは怖くてできない状態でした。まして、サイン会がおこなわれたのは博多駅という、人が非常に多い場所です。にもかかわらず、私に会いに来てくださったのです。

何年かぶりの外出だったので、まぶしくて太陽が見られないためサングラスをつけ、怖くて震えながらもがんばってきてくださったことが本当に嬉しくて感動し、神様がその娘さんに与えてくださった奇跡に心から感謝しました。

じつは、この内容をブログで書かせていただいたところ、娘さんご自身からコメントをいただきました。その内容を、以下に掲載させていただきます。

「今朝、大森さんのブログの記事を見て、胸が熱くなって涙がこみあげて泣きました。まさか、自分のことが記事になっていて、私がサイン会に来たことが嬉しくて感動してくれたなんて……。大森さんの優しさ、人としての温かさを感じ、改めて素敵な人だなと思いました。

サイン会のときの大森さんの手は、柔らかくて温かく、まるでピンク色のマリア様のようでした。泣きながら震える私の手をとり、『大丈夫、何も怖くないよ』『すごいね！　よく頑張って来たね！』と何度も優しく話しかけてくださったのに、私は発作とあまりの恐怖心で思考回路がストップしていたようです。意識がふわふわしていて現実味が感じられず、妙な感覚でした。

サイン会の夜、枕の下に大森さんの新刊書籍を敷いて寝ました。すると翌日、下痢をして、蕁麻疹《じんましん》が悪化していたので『毒が出ているのかもしれない』と思いました。

母も、大森さんと握手してパワーをもらってから、以前からあった心のトゲが消えたようです。薬を飲んでいないのに、『十年以上のひどい手湿疹《しっしん》がかゆくない！』と、とても喜んでいました。

昨日の夕立の後、母に呼ばれ玄関から出ると、心が洗われるようなきれいな虹が出ていました。まるで天使さんが応援してくれているような気がしました。十一月の博多講演会はサイン会以上にたくさん人が来ると思うけど、がんばって親子そろって行きたいです！

遅くなりましたが、大森さん、スタッフのみなさん、サイン会ではいろいろとお世話になり、ありがとうございました。大森さんと出会えた奇跡に感謝します」

枕の下に私の本を置いて眠り、本からパワーが入り、体が浄化され、下痢や蕁麻疹として現れたのです。これは、たくさんの方が体験されています。下痢は腸の大掃除であり、蕁麻疹は体内の猛毒（とくに薬の毒）を溶かすときに出る場合が多いのです。

お母さんも握手してパワーが入り、十年以上の手湿疹のかゆみが治まり、本当に良かったです。虹は、この方ががんばったので神様が祝福し、見せてくださったのです。

読者のみなさんのなかで、どこか持病をお持ちの方がいらっしゃれば、焦らずに前向きに進み、奇跡をつかんでもらいたいと思います。あきらめなければ必ず奇跡が起こる日が近づいてきますから。

## 講演会参加者に起こる奇跡の数々

以前、おこなわれた名古屋講演会では、嬉しい奇跡がたくさん起こり、主催団体の『一般社団法人 ありがとう地球号』には連日、参加者のみなさんからお礼や奇跡の報告の電話がたくさん寄せられたそうです。

そのなかの一人の方の奇跡について、ここでご紹介しましょう。その方は、私の書店でのサイン会と名古屋講演会に参加された方でした。講演会終了後、「すごい奇跡が起きました！」という驚きの連絡が入ったそうです。

以下、ありがとう地球号の担当者の方からの報告です。

「すごいことが起こりました！」

その女性はかなり興奮気味で電話をかけてこられました。その方は以前から胃の調子が悪く、医者に診てもらったところ、「胃腺腫《いせんしゅ》」というポリープのようなものが出来ていて、二、三年でがん化するといわれていたそうです。

しかしあきらめきれず、別の医者にも診てもらったところ、結果は同じでした。その場所では手術しても「たぶん切りきれない」と言われ、相当落ち込んでおられたのです。

そうやって病気で悩んでいたときに『WATARASE』の本に出合い、大森先生の書店のサイン会に参加されたそうです。そこで大森先生の握手でパワーをいただかれ、本に書かれていることを素直に実践してみようと決意されました。

そして、また別の医者にかかり、精密検査を受けてみることにしたそうです。その結果次第では、（成功が難しいといわれる）手術を受けて、奇跡的な成功を信じるか、このまま経過観察して様子をみるか……いずれかにしようと考えられたそうです。

そして迎えた名古屋講演会。いっせいに霊を切ったあと、なぜか〝げっぷ〟がたくさん出たそうです。さらに講演会で宇宙のパワーをいただかれ、とても身体が温かくなり、感激されました。

帰宅後は、講演で聞いたことを素直に実行してみようと、いままでのおこないをいろいろと反省され、心を入れ替えられました。

そして講演会の翌日、精密検査の結果が出て驚愕《きょうがく》しました。なんと、「胃腺腫」が消えてなくなっていたというのです！

お医者さんによると、「小さかったので検査している間にとれてしまったのでしょう」ということだそうです。

この方の場合、とても大きな奇跡をいただかれ、とても感謝しておられました。そして、いてもたってもいられず、「どうしてもお礼が言いたい」と当事務所に電話をしてこられたのです。

このような奇跡が起こり、本当によかったと思います。ほかにも、講演会終了後には奇跡のご報告が続々と寄せられています。

ここでもう一つ、奇跡の報告をご紹介しましょう。先ほどと同じく、講演会主催団体の「ありがとう地球号」に届いたご報告です。

---

お電話をいただいたのは、今年、ご主人を亡くされた女性です。初めて講演会にお越しになられたとのことでした。

彼女は最近ずっと鬱気味で、外出が難しかったそうです。ところが今回、久しぶりに、しかも一人で外出することができ、講演会に来られたのだそうです。

「導かれたんだと思います」

彼女がそうおっしゃったのがとても印象的でした。

この女性が講演会の会場に足を踏み入れた途端、まず「清々しいような澄んだ空気」を感じられました。もうそれだけでびっくりされたそうです（ちなみに最近は、講演会の会場でそのように感じられる方がとても増えています）。

その女性は、ご主人のことについて、運よく大森先生からお言葉をいただけたそうです。そして救われたお気持ちになられたのです。大森先生の話を聞き、いままでの心のつかえが一気にとれて感動し、「これから前向きに生きていけます」とおっしゃっていました。

さらに驚いたことがありました。長年抱えていた背中の痛みが、講演が終わるころに消えてしまったというのです。いまではすっかり健康体になったと喜んで報告してくださいました。「講演会に参加したことで心も身体も元気になった」と感動されていました。講演会を主催した私たちとしても、本当によかったです。

---

このようなご報告をいただくと、私の疲れも吹っ飛んでしまいます。たくさん奇

跡が起こり、多くのみなさんの心が良い方向へと変化していくことが嬉しいからです。

みなさんは、いろいろな悩みや苦しみを抱えながらもがんばっておられる――講演会に出演させていただいて、つくづくそう思います。

「百聞は一見にしかず」といいます。迷ったり悩んだりしたときは、まずは宇宙のパワーが充満している講演会の会場にぜひ身を置いてみてください。講演会が開かれている最中は、その会場はまさに世界一のパワースポットです。きっと何かを感じていただけるはずです。

## ◆先祖供養について◆

### 先祖供養とは、ご先祖様に食事をお出しすること

「先祖供養について質問があります。自宅にご位牌や仏壇がない場合でも、温かい食べ物はお出ししてもよいのでしょうか。やはりご位牌がないと意味がないのでしょうか」

こうした先祖供養の質問をいただくことがよくあります。四十九日までは、正式なお位牌がなくても、白木のお位牌や、戒名を白い紙に書いただけでも、お亡くなりになられた方に食事は食べてもらえます。

それ以降（四十九日以降）は、ご先祖様はお位牌の金色の文字から食べ物の気を吸ってお腹がふくれるので、お位牌やお仏壇は必要となります。

同じく先祖供養について、以前、次のような質問もいただきました。

「ご先祖様はお位牌から湯気を吸ってご飯を食べるということですが、家の宗派によっては位牌を置かないこともあるようです（ちなみにうちは浄土真宗です）。そうした場合はどうすればいいのでしょうか」

本当は、お位牌をつくってあげたほうがいいのです。まだあの世で修行中のご先祖様は、霊界にいるご先祖様とは違い、食事が食べられません（霊界では一日二食食べられます）。お亡くなりになられたみなさんは、黒塗りに金色の文字を書いたお位牌の文字から、食べ物の湯気や気を吸ってお腹がふくれます。ちょうど、私たちが天ぷらなどの揚げ物をつくっている最中にお腹がふくれる感覚に近いかもしれません。

ちなみに、お位牌は人間の体と同じなので、お位牌の金文字は、彫るのではなく、書くだけにしてください。彫ってしまうと、子孫がけがをしたり、手術などで体にメスを入れたりすることになる可能性がありますから。

ご先祖様が一番望んでおられる先祖供養とは、残された私たち子孫が心を込めてご先祖様にお食事を出してあげることです。お金もかからず、誰にでもできることです。金ピカで立派なお仏壇でなくても構いません。小さい質素なお仏壇のほうが、むしろご先祖様は喜ばれます。ご仏壇は家と一緒なので、そのほうがご先祖様も落ち着かれます。間違っても、先祖供養を名目にお金を要求してくるようなところには騙《だま》されないでほしいと思います。「先祖供養は食事供養、お金はかからない！」と覚えておいてください。

また、食事供養は、十年間（別の方が亡くなられた場合、またそこから十年間）で結構です。食事供養をさせていただくことで、ご先祖様はさとりが早くなり、すごいスピードで上へと上がっていかれます。その結果、残された子孫も良い方向へと運気が進んでいくのです。

## 先祖供養で高額を要求されるのは怪しいと疑って

先祖供養で高額を要求されたことに対して、以前、次のような質問がありました。

「仕事のことが気になって、家の近くの占い師に見てもらいました。すると、二年前から貴方に憑いて邪魔をしているご先祖様がいるから、離れてもらうようお祓いしなければなりません。でなければ二、三カ月先にまた同じことが起きると言われました。

先祖供養からすると一番いいけれど、費用は百万円かかるそうです。でも、私だけのお祓いなら五十万円でいいとのこと。『親に出してもらいなさい！』と言われました。

自分が一番したいと思って始めた美容の勉強も、『あなたは人に触れる仕事はやめなさい。悪いものが入ってきやすいから絶対にだめです』と言われてしまいました。

『高額を取るのはおかしい』といつもおっしゃる大森さんの言葉を心のなかで繰り返し、『いまはお金を借りる勇気がないです』と帰ってきました。これで良かったんですよね。

ただ、『人に触れる仕事をすると大病になる』と言われたのは、ちょっと引っかかっています。お金をかけて始めたことですし、楽しいですし、続けていきたいと思っています。大森先生、一言だけ私にアドバイスをもらえないでしょうか」

この方が騙されなくて本当によかったです。先祖供養をする、悪い霊を取り除く、地縛霊をしずめる……などと言葉たくみに近づき、高額なお金を要求してくるのは絶対におかしいと思ってください。

高額ではなくても（二万円程度でも）、「また来なさい」などと言い、何度も支払わなくてはならないようなものもおかしいと疑い、騙されないでほしいと思います。

最近、面談をさせていただいた方も、相談に行った霊媒師さんに「地縛霊を遠隔的に一年間拾っておいてあげるから八十万円払ってください」と言われたそうです。その方と一緒に行かれた方は八十万円を払われたそうですが、その方は「考えます」と言って即答せず、難を免れました。

私は常々言っているのですが、地縛霊さんのお諭しや、体に憑依しているご霊さんを切るというのは、五千円程度で、それ以上なら高いと思います。お金もうけが目的の方の標的にされてしまわないよう、見極める力をつけてもらいたいのです。その意味では、先ほどご紹介した方は正しい判断をされました。心正しく生きていれば、人に触れる仕事だろうが、どんな仕事でも、それをして大病になんか絶対になりません。大丈夫です。

それどころか、自分の夢を追い続けているときや、自分がやりたいと思うことをやっているときは、体に霊が憑きにくい状態になっています。体の周りに高次元の光のバリアが出来たような状態……といえばわかりやすいでしょうか。

あるいは、もし憑いていてもまったく悪い影響を受けない状態になります。ですから、夢を持っている人は、その夢に向かって全力で突き進んでほしいと思います。

## ご先祖様のお食事は子孫がしてあげられる

「お位牌を用意しない宗教を信仰している人にも、あの世での修行などがあるのですか。たとえば、キリスト教など横文字の国では、違ったかたちの修行やお食事の仕方があるのでしょうか。それとも、ローマ字などでもお位牌を用意したほうがいいのでしょうか。

私の家は仏教ですが、核家族ということもあり、いま住む自宅に仏壇はありません。ご先祖様はお位牌から湯気を吸ってお腹がふくれるとのことですが、私には水子が四人います。その子どもたちも本当はお位牌があったほうがいいのでしょうか」

以前、このような質問をいただきました。どの国でも、あの世の仕組みは同じです。よって食べ方も同じです。いまは私たちは日本人ですが、前生では外国に生まれていたこともあります。私も千年前はアラブに、千二百年前は朝鮮半島に、それぞれ生まれていましたから。

ですから、横文字でもお位牌はあったほうがいいのです（ただし、現界名以外の戒名をつけます）。水子さんの場合、個人位牌が必要なのは、妊娠五カ月以降に水子さんとなり、この十年以内にそうなられた水子さんだけです。あとは、「○○家先祖代々之霊」というお位牌から食べられますので大丈夫です。

位牌について、こんな質問もいただきました。

「仏壇店で位牌をつくったら、御霊《みたま》入れをしなければならないと聞きました。事情があり、先祖の墓がわからず、親はどの宗派にも属していません。その場合、御霊入れをしてない位牌を祀《まつ》って食事をお供えしたら、ご先祖様以外の霊も食べに来ることはあるのでしょうか。

母方の祖父母は、叔父が買った一般墓苑に眠っています。父はお寺の墓に入っていますが、姓が異なり、また交流がなく、御霊入れを依頼できません。少なくとも、父方母方二つの仏壇が必要になるでしょうか。あるいは、そもそも御霊入れは必要でしょうか」

ご先祖様のお食事は、自分たち子孫でしてあげられることです。お寺さんとのお付き合いのない場合でもまったく心配ありません。まずお仏壇やお位牌などを用意されたら、どちらを向いてでもいいので、一度だけ神様に「本日より○○家のお仏壇にお食事を出させていただきますので、どうか食事に来られますようお許しください」とご挨拶します。このようにお祈りし、神様にお許しを得ることさえできれば、たいていのご先祖様は食べに来ることができます。

そのうえで、お仏壇の前でご先祖様に対して、「いままでのご無礼をお許しください」とお詫びし、それからお食事を出してあげてください。お食事をお出しするときは、毎回、最初に「○○家のご先祖のみなさん、本日のお食事です。どうぞみなさんでお召し上がりください」と言いましょう。

お仏壇に食事を出して、何も言わずに置いておくと、まれに邪霊がその食事を食べに来てしまう場合があります。ですから、そのように挨拶をすることで、そのお位牌の方以外のほかの者たちは食べることができなくなります。

家庭の事情などで、お仏壇を置いて先祖供養ができない方々もおられると思います。そうした方々もご先祖様を敬い、忘れない気持ちだけは持ち続けていただきたいと思います。神様は「かたちも大事だが、一番大切なのは、子孫が先祖を思う心です」とおっしゃっています。

## 自分なりの「祈り」で神様につながる

「教会に行ってお祈りする場合、家でお祈りするのと何か変わりはありますか」と質問をされた方がいらっしゃいます。お祈りは、どんな場所でもタイミングでも、つながる先は一緒なのです。

日本はたくさんの神様がいらっしゃいますし、宗門や宗派も多く、混乱してしまいますね。私の実家は日蓮宗で「なむみょうほうれんげっきょう」、カトリックの叔父と教会へ行くときは「アーメン」でした。さらに嫁ぎ先は浄土宗と神道だったので、「なむあみだぶつ」と「のりごと」になりました。

法事の際は間違えそうになったり……。でも、どんなかたちで祈っていても、私の前に現れてくださる神様はいつも同じです。

自分が一番落ち着く、自分なりの「祈り」でいいのです。そして、それは自分が落ち着く方法であり、（たとえ家族であっても）誰かに強要してはいけません。いまは家族でもまったく違う個々の魂ですから。

自分なりに祈ってみれば、神様に必ずつながります。この祈り方でなければ駄目だとか、この方法でなければ神様とつながれないなんてことはありません。いつも神様は私たちを見てくださっています。お経や難しい宣《の》り言《ごと》ではなく、自分が普段使っているような言葉で、神様にご挨拶やお願いをされるのがいいでしょう。

ただ一点、気をつけていただきたいことがあります。神様以外のものをお祀りしてある場所で、あまりにも熱心にお参りやお祈りをしていると、そこに住み続けている邪霊に憑かれたり、操られてしまう場合があります。

しかし、人とのお付き合いのなか、神社仏閣や宗教関係施設などでお参りしなくてはならない場合、目を閉じないで開いたままで祈ってください。そうすれば、憑かれたり操られたりすることは少なくなりますから。

## ◆霊について◆

### 死後に反省すれば苦しみは楽になる

「四十九日のことでずっと疑問に思っていることがあります。四十九日の間の幽体は、亡くなったときの状態（けがや病気のままの体）と講演会で理解しました。だから、自殺するとひどい状態の体のままなので、痛みもすごいとのご説明でした。人は亡くなるとき、ほとんどの方が病気や痛みに苦しむと思うので、四十九日はそのまま痛みが続くのでしょうか。

父が亡くなってから一カ月です。挨拶回りに幽体が浮かんで移動しているというお話も、私の父のように自発呼吸が難しく、歩くのも大変な状態で最期を迎えた人は、一人で出かけるのは難しいということでしょうか」

死後の幽体についてこのような質問をいただきました。この方のお父さんのように呼吸器不全で苦しみながらお亡くなりになられた方の場合、人それぞれではありますが、基本的には死後も苦しんでおられます。

ただ、お亡くなりになったときに歩けない状態であっても、自殺や事故死、変死（孤独死、入浴中の死、殺人）、手術中の死などで地縛霊になられた方以外の多くの方々は、四十九日の間に生きている人の肉体にくっついたり瞬間移動したりして、あちこちへ行かれます。

瞬間移動ができる方とできない方の違いについては、いまのところ神様から詳しく教えられていないのですが、生まれ出てくる前に自分が住んでいた霊界の段階（霊層界）と関係しているとは教えていただいています。

瞬間移動ができない方は、公共機関を利用したり、歩いたり、タクシーなど車に乗って移動されています。亡くなられたときに苦しくても、反省したり悟られれば、苦しみはどんどんなくなって楽になっていきます。

ゲスト出演させていただいている講演会の開始時には、苦しそうなご霊さんが多いのですが、終了時にはたくさんのご霊さんがとても楽になられているのがいつも印象的です。

## 相手を思う気持ちが神様へ届けば奇跡が起きる

すでにお伝えしたように、ゲスト出演させていただいている講演会では、参加者のみなさんの体に憑いている悪い霊を神様に切っていただける場合があります。ですが、講演会に参加したくてもできない方もいらっしゃいます。その場合、「参加できない方の写真を持っていけば、その写真の方も一緒に切っていただけるのでしょうか」という質問をよくいただきます。

先に結論を申し上げると、普通は切っていただけません。でも、あきらめないで写真を持参し、自分が切っていただいている間中、その写真の方の名前を心の中で唱え続けながら、「切ってください」という思いをずっと持ち続けてほしいのです。相手を思う愛が神様に届けば奇跡が起こり、写真の方の体に憑いている悪い霊を遠隔的に切ってくださることもよく起こっています。

私も、緊急で頼まれて遠隔的に霊を切らせていただくことがよくあります。そのとき、いろいろな奇跡が起こります。

たとえば以前、精神的な病を抱えたお子さんが暴れて手がつけられず、「悪い霊が憑いていたら切ってほしい」と頼まれたことがあります。そこで、遠隔的に霊を切らせていただいたのです。そして、すぐその方に電話を入れると、それまで暴れていた子どもさんが落ち着くどころか急に眠ってしまったので、とても不思議だとおっしゃっていました。

ほかにも、危篤状態の方の体に憑いたたくさんの霊を切らせていただくと、奇跡的に意識が回復されたこともあります。

たとえば以前、心肺停止の状態から回復された方がいらっしゃいました。ある日、私が車で移動中に神様から「Ｉさんに電話をしてあげなさい」と言われ、理由もわからずにすぐ連絡を入れたところ、Ｉさんの義理のお母さんが倒れ、その搬送先の病院に向かっているところでした。

Ｉさんの義理のお母さんは、救急車で病院に着く直前に心臓が止まり、蘇生処置でふたたび動き出したものの、十分近く心肺停止の状態だったそうです。

私は、移動中の車中で遠隔的に霊を切らせていただきました。遠隔でおこなう場合、目の前にその人のシルエットが現れ、だいたいの背格好がわかり、どの場所に霊が憑いているのかがわかります。その方の場合、胸部にたくさんの霊が憑いていたので、その部分を念入りに切らせていただきました。少し時間はかかりましたが、最後にまとめてすべて切ることができたので、Ｉさんにすぐ連絡を入れて、「胸部にかなり霊が憑いていましたが、切れました」とお伝えしました。

後日聞いたのですが、その方は肺梗塞《こうそく》で倒れられ、病院に運ばれたあとも意識不明で、そのまま意識が戻らない可能性もあったようです。しかし翌日の夜には意識が戻り、日常会話もできるようになり、ご自身でご飯を食べられるまでに回復されたようです。

その病院の医師も、大変驚かれていたそうです。まず意識が回復したのが驚くべきことで、仮に回復したとしても、脳障害によって意思の疎通をはかるのは難しくなる人がほとんどのようです。ですから、その方のように、日常会話までできるようになったのは、ほとんど奇跡だと言われたそうです。


次のような方もいらっしゃいました。

ある日の朝方、知り合いの方から連絡が入りました。話をうかがうと、九州にお住まいの伯母が倒れたとのこと。救急車が到着したと同時に心臓が止まり、救急隊員による蘇生術を始めると共に、ドクターヘリを呼びました。ヘリが到着するころに心臓が動き始めたようですが、心停止の時間は一時間ほどにまで及んだそうです。

その後、医大に搬入されたタイミングで私に連絡が入り、遠隔的に霊を切らせていただきました。普通であればそのまま亡くなってもおかしくないほどの状況だったようで、ご家族のみなさんは死を覚悟され、お葬式の準備もされていたそうです。

しかし、結果として脳に異常もなく、現在ではまばたきをして意思表示できるところまで回復されたそうです。ご家族・親族とも、奇跡が起きたと大変喜んでおられました。

このように話し始めるときりがないほど、数多くの奇跡が起きています。自分で神様のお手伝いをさせていただいていても、「本当にすごい業《わざ》がおろされたなあ」と感心してしまうほどです。

## 坂本九さんの優しさに感動

二年ほど前、朝のニュースを見ているとき、五百二十名もの方々がお亡くなりになられた日航ジャンボ機墜落事故から二十六年目の記念式典の様子が放送されていました。二十八年前、このニュースをアメリカの大学の寮のテレビで見たときのショックはいまも忘れられません。

日本を離れているときに、日本で何か大きなことが起こると、とても心配になるものです。東日本大震災のニュースを海外で見られた日本のみなさんが、どれほど母国を心配されたことか、痛いほどわかります。

いまから五年ほど前、神様のお許しをいただき、日航ジャンボ機墜落事故でお亡くなりになられ、その時点（約五年前）でまだ事故現場に縛られて（地縛霊となられて）苦しんでおられたご霊さんたちをお呼びしたことがありました。まさにその場が事故現場の四次元と重なり、それはそれは、悲惨な状況となりました。

ご自身が亡くなられたことすら理解してない方もいらっしゃいました。しかし、最初は苦しそうだったご霊さんたちが、神様からのお諭しを受けて、この世への執着をとって楽になっていかれる姿はとても感動的でした。

そのとき、日航ジャンボ機墜落事故で亡くなられた坂本九さんも出てこられ、肉体のある者に入って心境を語られ、最後には歌もうたってくださいました。

「上を向〜いて　歩こ〜う　涙がこぼれないよ〜うに……」

坂本九さんは事故現場でも歌をうたわれ、一緒にお亡くなりになられたみなさんを励まし続けていたようです。ご自分も肉体を脱がれて、事故の衝撃で幽体にもダメージを受けられて（肉体と幽体とは同じダメージを受けています）つらいはずなのに、一生懸命に人びとを励ますことのできる坂本九さんは、本当に素晴らしい方だなと思いました。

二十八年前、私たちより一足先に幽界へ誕生されたみなさんの苦しみや悲しみを忘れることのないように……そしてたくさんの学びを私たちに与えてくださったことに感謝しなくてはなりません。お亡くなりになられたみなさん全員が、早く霊界へ上がられますように祈り続けます。

## ご先祖様が写る写真は大切に

以前、ブログに次のようなコメントを書いてくれた方がいらっしゃいました。

「六月ごろに撮った夕焼けの写真を見てみたら、少しこわい人の顔が写っていました。すごくこわくなってしまって……この写真はどうしたらいいですか？」

この方のように、「写真を撮ったら嫌な顔やご霊さんが写ってしまった」「霊が写った写真を持っていても大丈夫なの？」という質問をたくさんいただきます。

いわゆる心霊写真は、その写真を撮った人に何か伝えたいなど、意味があって写っていることが多いものです。たいていの場合、その心霊写真自体にご霊さんが憑いているというわけではありませんから、持っていても大丈夫です。

修学旅行の集合写真などに、顔や手や足だけが写っているケースがよくありますが、ほとんどは地縛霊です。ほかにも「駅のホームに手だけが写っている」「自分の背中にマスクをした男性の顔が写っている」「ピクニックの写真で、みんなが座っているレジャーシートの上に首から上のおばあさんの顔だけがチョコンと写っている」「病院の三階の窓の外に女の子が写っている」「校庭で撮影した運動会の写真にピースしている二人の子どもたちがいて、なぜかピースしている手が五本」など、いままでたくさんの心霊写真を見せていただきましたが、そのほとんどが地縛霊でした。

また、法事やお盆などで撮影した写真にご霊さんや不思議な光が写っている場合、地縛霊ではないことも多く、ご先祖様や神上がりをされたご先祖の神様の場合もあります。たとえば、「オーブ」ともいわれている白っぽい光の玉が写ったり、しゃぼん玉のようにたくさん写ったりする場合がありますが、これらはご先祖様が喜ばれていることから起きる現象なので、悪いものではありません。このような写真があれば大切に保管してください。

## 仏像や置物のご霊さんは取り除いて

「実家の母が不動明王（御霊抜き）を購入したのですが、訳あって手放そうか悩んでいます。その場合、きちんとお寺などに納めたほうがいいでしょうか。それとも、一度購入してしまったら、そのようなことはしないほうがいいのでしょうか。そうすることで悪いことは起きないでしょうか。勝手に無碍《むげ》に扱ってはいけないとも思い、悩んでいます。封はまだ開けず、箱に入られたままです。誰に相談していいのかわかりません。教えていただければ助かります」

この方のように、「仏像や置物をどのように扱ったらいいでしょうか」という質問もたくさん寄せられます。あるいは、「ある宗教で買わされた何百万円もするツボや置物をどう扱ったらいいでしょうか」という質問もあります。

こうした仏像や置物を勝手に処分して災いが起こるのは、それ自体が怒っているからではありません。その仏像や置物に憑いているご霊さん（たいていは動物霊が多いです）が怒って災いを起こすのです。

ですから、まずその仏像や置物に憑いているご霊さんを取り除いておけば、あとは飾っておいても、処分しても、災いが起こることはなく、安心です。

## 離婚後の背後霊はどうなるか

「結婚すると、嫁ぎ先の背後霊に変わると聞きました。離婚するとどうなるのでしょうか。以前、テレビで有名な占い師の方が『離婚して母親についた息子は根無し草になる（守ってもらえない）』と言っていたのを思い出しました。私もまもなく息子を連れて離婚するので、気になってしまいました」

以前、このような質問をいただきました。まず離婚して旧姓に戻れば、旧姓のほうのご先祖様を中心とした背後霊さんが五人憑かれます。

一方、離婚しても苗字はそのままの場合、多くのケースでは五人中、二～三人はそのままの背後霊さんで、あとは旧姓のご先祖様と替わります。まれに例外もありますが……。どちらのご先祖様の背後霊さんが多いかは、魂のつながり具合により、個々に違ってくるのです。

ちなみに、「離婚した母親について来た男の子は根無し草」というのは間違いですから、安心してください。本当の宇宙の仕組みをご存じない方は、このように表現される場合もあります。正しくないことに振り回されないでほしいと思います。守られるか守られないかは、神様がその人の心を見て決められることなのです。

二〇一一年、元アイドルグループのメンバーで女優としても活躍された方がお亡くなりになりました。彼女の場合も、結婚して背後霊が変わられて、相手方のご先祖様の因縁を背負ってしまわれたのです。結婚後に体調を崩され、若くして先立たれてしまったのですが、ご先祖様の因縁を取り除いておけば、体調を崩すこともなかったのにと思うととても残念です。

彼女はこの世にいろいろな思いが残っているようです。よって、演技をしている女優さんの後ろで応援するなど、いまでもご活躍されていらっしゃいます。

彼女が主演した映画を撮られたある映画監督さんが、彼女の死後、「ご本人に会いたい」と私におっしゃいました。そこで神様にお願いして彼女をその場に呼ばせていただき、ご本人のいまの気持ちなどを伝えさせていただいたのです。

その中には、彼女のご主人のことなど、個人的な話も含まれていました。もちろん私はご本人をテレビで拝見した程度のことしか知らないのですが、個人的にもよく知る映画監督さんやプロデューサーさんは涙を流しながら、いまあの世におられる彼女が語る真実に驚かれたり、納得されたりしておられたのです。その様子を見て、ご本人がいまここにおられるのだなと思い、私も涙しました。

## 歌舞伎界に不幸が起きる意味

最近、歌舞伎界では看板役者の方がお亡くなりになるなど、いろいろなことが起こっています。二〇一三年二月三日には市川團十郎（十二代目）さんが六十六歳でお亡くなりになり、その前年末の二〇一二年十二月五日には中村勘三郎（十八代目）さんが五七歳の若さでお亡くなりになりました。二〇一二年八月には市川染五郎（七代目）さんが東京・国立劇場で公演中に奈落に転落し、大けがを負われています。さらに二〇一一年十一月には市川海老蔵（十一代目）さんが暴行事件に巻き込まれました。

こうして振り返ると、立て続けにさまざまなことが起きてきているように思われます。たとえば中村勘三郎さんは、二〇一〇年十二月、突発性難聴になられた際に記者会見を開かれました。当時、その会見の様子をテレビで見ていると、頭部と上半身にぐるぐると黒いものが回っているのが見えました。「そのままではまずいことになる。切れる霊なので切ってさしあげたい」と思った私は、誰か知り合いがいないか探し回ったのですが、残念ながら知り合いはおらず、切ることができませんでした。

その数カ月後、中村勘三郎さんが今度は食道がんになられたという報道がありました。テレビ画面を通してだけではありますが、とても気になり、本当に何とかよくなっていただきたいと願っていたので、お亡くなりになられたのはとてもショックでした。

市川海老蔵さんの一連の事件の際は、暴行事件に巻き込まれた現場である非常階段にたくさんの麻薬中毒者の霊が集まっているのがテレビ画面を通して見えました。あの事件は、その地縛霊も関係して起こっています。

市川染五郎さんが奈落に落ちられたのも地縛霊の影響でした。国立劇場はとても古く、地縛霊が多いのです。その地縛霊に引っ張られて落ちてしまったのです。

ちなみに、歌舞伎座を建て替えるにあたり、かなりの地縛霊がさわいでいたと神様に教えていただきました。建物を壊したり、建て替えたりする際は、地縛霊に納得してもらってから取りかからなければ、いろいろなことが起こってくる可能性があります。

このように、歌舞伎界でさまざまなことが続くため、その理由を神様におうかがいしたことがあります。すると神様は、次のように教えてくださいました。

「歌舞伎界を意味する梨園は、本来は神に守護されるに値する世界であった。いまもその本来の伝統的な歌舞伎を守ってほしいと思っている。しかし歌舞伎界自らが普通の世界へと戻ってしまったため、守護しにくい状況となっている。よって、以前であれば止めることができた邪霊のあがきを止めることができなくなり、このようなことが次々と起こるようになってしまった。

相撲の世界もそうだったが、最近は少し方向性が変わってきたことに加え、お金の魔力に負けるものもでてくるなど、本来の自分の使命を果たせないものが増えている」

歌舞伎も相撲も、ともに日本の伝統文化です。今後もさらに発展していくことを願っています。

# 第二部　神様からのお言葉

## 神様からのお言葉

この受難の時をどのように
乗り越えていくのかを見られている!! と、
常に意識をして行動をするのです。
我々は常に見ています。
二十四時間の監視カメラで見られているようなもの。
しかも監視カメラでは見ることなどできない、
あなた方の心の奥底までも見ているのです。
なぜ見ているのか? と言えば、
何も意地悪をしたり注意をするために見張っているのではない。

あなた方が愛しくて、何としても幸せな未来を与えてあげたいと
　強く思うがゆえに見ているのです。

見ていることで、何か間違ったことをしていたり、
　心が違ってきたり、考え方がズレてきたとき、
　大きくこの道をそれていかないためにも、
　先々に手を打ってあげることができます。
親が、いつも子どもを心配しているのと同じような
　気持ちだと理解してください。

　いまは、まだ世の中の状態も比較的平和で、
こんなときには、誰でも人を思いやれる気持ちを持てるものです。
　被災地へボランティア活動をしに行こう!!
　　とも思えるし、

困っている人を見れば助けてあげたいとも思うでしょう。

我々は、あなた方我が子らに、

どんな人間となってほしいのかというと、

自分に、大災難がふりかかり、生きるか死ぬかで大変なときに、

それでも困っている人を助けてあげたいと思える人間…

また共に助け合って生きていきたいと思うことのできる人間、

この地球上の食糧がまったく（すべて）なくなり、

最後に一つだけ残ったパンを、相手に譲ってあげられるような人間、

自分が救われたい…のではなく、

相手（他の人びと）を救ってもらいたいと心から願える…

思える人間、そのような人間になってもらいたい。

いえ‼ きっとあなた方はそうなれます。

だから今日、こうしてここにいるのです。
必ず、そのような人間となれるのです。
なぜならば…我々の大切な愛しい子らだから…

## 神様からのお言葉

あなたが自分の人生の途中で立ち止まってしまったとき、
そっと自分で自分の胸に手を当てて聞いてあげてください。
「あなたはいま、本当は何がしたいの？」と…

自分を自分で客観的に見て、自分に問う。
これはとても大切なことなのです。
あなたが、本当に自分のしたいことを
ワクワクしながらやっているときには、
立ち止まってしまい前へ進めなくなるようなことなど、
決してありません。

いま、あなたが、もし、立ち止まってしまっているのなら、
それは、あなたが本当に自分のしたいことをしていないからです。

「仕事だから仕方ない」

「お金をもらうためには我慢も必要だ」

などと考え、あきらめ、自分の心を押しつぶしてはいませんか？

これでは、本当に楽しい人生は送れない。
人生が終わるとき、底知れぬ満足感、充実感で、
あなたの心が満たされるためには、
常に心を開放しながら生きていくことも心掛けてください。

自分で自分の心に聞いてみる。そして確認してみる。
これも心を開放してあげるための一つの方法です。
どうかみなさんも実行してみてくださいね。

そして、素晴らしい光輝く人生を謳歌していってもらいたい…
かわいい我が子らには…

## 神様からのお言葉

人を批判する。非難、中傷するのは、
自分自身を批判したり、非難、中傷しているのと同じです。
自分のしたことはいずれ、すべて自分へと返ってきますから。
相手の意地悪な口調や態度も、自分にとって大変な出来事も、
困った問題も、すべて自分自身の魂（心）の
向上につながっているのだと理解してみてください。
そう思えば、嫌なことをしてくる相手に、
感謝はしても、非難、中傷したり、批判をするのはおかしい。

この世の中、何一つ無駄な出来事、無駄な人物などいない。
いま険悪の仲の人がいたとしても、
この世の修行を終え、いずれは帰る霊界（天国）では、
お互いに仲良く語り合ったり、思い出話に花が咲くのです。
これはどんな人ともです。

いま、この一瞬の修行の間だけなのです、
相手に対して悪想念を持ってしまうのは…
これは、あなたの悪い癖や性格を直してあげるためにも
起こってくることなのです。

あなた自身の、悪い癖や性格がなくなれば、
一瞬で嫌だと思っていた相手が愛おしく思えるから不思議…

すべて、あなたの心がつくり出しているのが、

いまのあなたの現実の世界です。
いまの現実の世界が嫌で変えたいのなら、
まずあなた自身が変わること。

かわいくて、甘えられるような女性になりなさい。
優しく頼りがいがあり、男らしい男性になりなさい。
自分の喜びを優先するのではなく、相手は何をすれば喜ぶのか…
ばかりを考え、日々暮らしていけば、きっと変われます。
そして楽しい素晴らしい未来の扉が、
あなたの前で開かれることとなるでしょう!!

# 神様からのお言葉

あなた方が住んでいるこの惑星…地球は、
生命体…生きているのです。
地球には、地球の意識のようなものがある。
この地球と、そこに住むあなた方人間は、つながっています。
あなた方人間は、一人一人が、
この地球という生命体の細胞の一つのようなもの。
だから、あなた方の意識が、
大きく、この地球に影響するのです。

細胞の一つががん化すれば、
その周りの細胞もがん化する。
そして、それは他へと転移し、どんどん広がり、
やがて地球自体を脅《おびや》かすこととなる。
まさにいま、その状態なのです、この地球が…

この地球を救うためには、
そのがん化した細胞を元の正常な良い細胞に戻すか、
その悪い細胞を取り除き、排除するしかない。
できれば、排除するのではなく、元の良い細胞へ戻してあげたい。
そして、この地球と細胞一つ一つ、
つまり人間一人一人を調和させ、
この先も共存させたい。これが、神の思い。

このような神の思いを理解した人間たちが、
いま立ち上がり、人びとの心を良い方向へと
持っていこうと必死に動き出した。
言葉で伝えるだけではなく、
音楽や絵画といった芸術や、書籍や
インターネットなどの文字でも伝えている。

これは、実に喜ばしきこと。
人間たちが、お互いに良い方向へと
向かうための努力をする姿は、実に美しい。
本来の人間のあるべき姿へ、
あなた方人間一人一人が戻れたとき、
この地球も本来の地球のあるべき姿へと戻れる。

それは、それは美しい惑星、地球。
　この地球をどうするのかは、
あなた方人間たちが決めることができます。
　この地球の未来は、あなた方の心次第で
どうにでも変化させることができるのだということ、
決して忘れないでください。お願いします。

神様からのお言葉

いま自分の目の前で起こっていることは、
すべて意味あって起こっているのです。
これは、直接自分には関係ないと
思われることもすべて含んでのことです。
そして、あなたの魂の向上のために、
どうしても必要なことが起こっています。

ささいなことから、大きなことまですべてです。
急に熱が出るのも、職場を解雇されるのも、
ケンカするのも、人と死別するのも、子どもがぐずるのも、
結婚や離婚も、親の介護をするのも、
事故、けが、病気、人との出会い、
すべて…すべて…あなたの人生において
必要不可欠なことだから、そうなるのです。

あなたは、生まれ出てくる前に、
今回の自分の人生の内容をすべて知り、
納得し、夢と希望を抱き、生まれ出てきたのです、
これは、どんな人間もです。

ハタからみれば、

「あの人は不幸な人生だった。苦労ばかりをした一生だった」

と思える人であっても、
すべて夢と希望を抱き、ワクワクしながら生まれ出てきています。

「そんなおかしな話はあるのか？」

と思う人がいるかもしれませんが、これは事実なのです。


なぜ、みんながそう思えるのか？

というと、この人生と、この人生のそのまた先まで聞かされ、
そのビジョン（光景）も見せられ、生まれてきているからなのです。

この人生が終わり、肉体を脱いでも、
いまのあなたの意識はその後も続き、まだその先があります。
その先のほうが、この今回の人生より、ずっと、ず〜っと長いのです。

今回のこの一生が、その先のどの部分に、
どのような素晴らしい影響を及ぼし、
その先がどのように光り輝く世界なのか…
まで聞かされて生まれ出てくるから、皆、楽しみに、
ワクワクしながら生まれてこられるのです。

目の前にいま、つらいと思うことがあっても、
これはほんの一時の夢…夢からさめれば、

素晴らしい現実が待っているのですから、
この言葉を心に留め置き、あなた方には、
この人生での試練を楽しく乗り越えてもらいたい。
神は、あなたが乗り越えられる試練しか与えません。
あなたには、それができますから…必ず…。

神様からのお言葉

物事が起こるときには、タイミングというのがあります。
最高のタイミング、最悪のタイミング…などと
自分の都合で表現していますが、
何かが起こる…またはいろいろな出来事は、
すべてタイミングよく、起こるべくして起きているのです。

そうとは思えなくとも、すべてのことが、
最高のタイミングで、あなたに起こっている。
今日、こうして、この講演会に参加しているのも、
あなたは、参加をする最高のタイミングだったからなのです。

人間の魂の成長には、段階がある。
あなたの魂の段階と、かけ離れた段階の人に
あなたが話を一生懸命にしてみても、

何かしっくりとこないし、同じような気持ちにはなれない。
これを人間たちは「価値観が合わない」と表現する。

しかし、もし、魂の成長が遅れているほうの人が、
必死に努力をした場合、「価値観が合わない」と思っていた人と
合うようになるのです。

あなた方は、もっと自分自身の人生を自由自在に楽しむべきです。
自分の行動範囲を規制してはならない。
肉体が動ける範囲は限りがありますが、
心（魂）は限りなく自由に動きまわることができます。

これは、あなたの肉体が睡眠をとっている状態であってもです。
心（魂）が海外旅行をすることも、月や金星など他の惑星…

宇宙旅行をすることもできます。

明日が本番なのに練習不足だ…

と思う人は、肉体を使わず心だけで練習をしていくこともできるのです。

そして本番では、良い結果が出せます。

自分が本来持って生まれた人間としての能力を

あなた方は半分も使っていない。

そして不器用な生き方をしている人も多い。

もっと我々とつながりを強く持ちなさい。

あなたの生活の中に、どんなかたちでもいい、

祈りを入れてください。

たったそれだけのことで、

あなたの日々の暮らしに変化があらわれるのです。

どちらを向いてでも…神様でも仏様でも
どんな言葉で表現してもよい。
高次元の存在とつながりたい‼　と思い、
おこなえばよいだけなのです。

我々は、もっとあなた方に、与えてあげたい…
そして、心を自由に開放してあげたい。
これが神の思い…

## （二〇一一年十一月二十五日広島講演会の参加者に対する）

### 神様からのお言葉

もし、今日が、自分の人生の最後の日だとしたら、
あなたは、その最後の日をどのように過ごしたいですか？
周りの人と言い争いをして過ごしたいですか？
人にグチをこぼしたり、不平不満を言い過ごしたいですか？

あなたの人生の最後の日というのは、
あなたが次に行く世界へとつながる、
とても特別な、大切な大切な日なのです。

しかし、いつ、その最後の日が来るのかは、
たいていの人間にはわからない。
だからこそ、今日が、その最後の日かもしれないと思い、
一日一日を大切に過ごしてみてください。

そう思えば、周りの人のちょっとしたひと言にカチン！　ときたり、
イライラしたりなどしないはず。
すべてが愛おしくて、名残惜しいような気持ちになり、
物も人もすべてを大切にしたくなります。
見る景色も新鮮に感じ、感謝したくなる。

こんな気持ちで人間たち一人一人が過ごせれば、
この宇宙と調和し、地球全体が平和的波動で包まれ、

いっさいの争い事はなくなります。

この広島という場所は、役目ある場所。
全世界へと平和を訴え、
平和のうずをつくり出していかなくてはならない場所…ここ広島。
その広島に住みし役目ある人びとの魂を
もっと覚醒させなくてはならない。

何も難しいことを言っているわけではありません。
いま、自分に起こっていることは、ほとんどが、
あなた自身でつくり出していることなのです。
あなたの想念…思いが、かたちとなって現れているだけ。
いつも、ああなったらどうしよう…と悪いケースを想像し、
心配ばかりしていれば、

本当にそんな方向へと物事が向かってしまいます。

戦争があったこと、原爆が落とされたことは、

決して忘れてはいけないことなのですが、

再びそうなるかもしれないと思うのは、やめてください。

そして、二度とあのような戦争は起こらない!!

起こさない!!　とみなさんが決め、強く思ってください。

広島の役目あるみなさんには、それが必ずできますから…。

# （二〇一一年十一月二十日岐阜講演会の参加者に対する）
# 神様からのお言葉

今日、こうしてこの会場へ、神により集められたみなさんは、
記憶はないかもしれませんが、
過去生において…遠い遠い大昔、あなた方の魂は、
人を救うためにかけずりまわっていた。
イエスキリストの弟子、釈迦の弟子として
共に活動をしていた者も参加者の中にはいる。

しかし、それだけではない。

ムー大陸という、それはそれは大きな大陸が、
いまの太平洋上にあった時代からの魂のつながり…縁で、
また今日、こうして再会できました。

自分が存在している意味は、何か？
何のために生まれてきたのか？
自分の使命とは何？これでいいのか？

いろいろ考え、暗中模索状態の者もいる。
あなたの使命とは、家族も含め、
自分の周りにいる人びとを幸せにしてあげることです。
多くの人びとを幸せにするのも、
少ない数の人を幸せにするのも、
どちらも同じ大きな使命なのです。

どちらが立派などということはない。
たかが、七十～八十年のこの現界修行において、
自分の名を残そうなどと思う必要はない。
地位、名誉に対する欲は、持ちすぎれば、
あとで自分へしっぺ返しがくるだけ。

そんなくだらないことを考えるより、
いかに早く、高次元の存在に近づける魂と
なれるのかを考えてほしい。あなた方には…。

あなたがいま、歩んでいる人生が、あなたの進むべき道なんです。
ああしておけばよかった、あのときの選択を間違えたから、
こうなってしまった…のではない。

結果はどうあれ、どうなろうとも、自分で選んだ道は、
　進むべきだ!!　と自信を持ってください。
自分の直感を信じて、行動を起こしてください。
　それが、あなたの進むべき道ですから…。

　いま、人の役に立ちたい!!　人を救いたい!!
と思っているみなさん、人を救うのは難しくない。
あなたが日々、楽しいと思い過ごすこと。
　これは、大きな人救いです。

　あなたが毎日、笑顔で楽しそうに、
　明るく元気よくしている姿を見て、
癒される人、救われた気持ちになる人びとが、
あなた方の周りにはたくさんいます。

これからは、そんなことも意識して生活していってください。
神の愛と光をあなた方へと与えます。

# おわりに

## ――未来に希望を――

本書では、生きていくうえでのいろいろな局面で大切だと思うことを、私なりの視点で書かせていただきました。そのなかには、異常気象をはじめとして、これから起こり得る可能性のあることについても書かせてもらっています。

ですが、将来を不安に思いすぎるよりも、未来に希望を見出すほうが大切だと思っています。この文明をこれから支えていく、次の時代を担っていくのは子どもたちです。そんな子どもたちを育てる親御さんに対しても、これからメッセージを伝えていくよう神様からご啓示をいただきました。本文でも少しふれましたが、これから育児に関するセミナーもさせていただこうと思っています。

こうして神様のご啓示をいただいたあと、産婦人科の先生と出会ったり、保育園の園長先生にセミナーの協力をいただけるようになったりと、明るい未来に向けた新たな絆が深まってきています。

この本も含めて、これまで四冊上梓させていただきました。それらの本には、一部、みなさんを不安にさせるような内容も含まれているかもしれません。あえてそういう内容を書かせていただいたのは、それらを事実として知っていただくことで、ご自身の生き方を見つめ直したり、明るい未来へとつながる行動に活かしてもらいたかったからです。

次に予定している本は、内容をガラリと変えるつもりです。ですので、本書の最後は明るい内容で締めくくり、次回作にバトンタッチできればと考えました。ぜひ楽しみにしていただければと思います。

これからもずっと皆さんとつながっていたい。いつもそう思っています。

二〇一三年五月　大森和代

●著者プロフィール

## 大森和代（おおもり　かずよ）

岐阜県生まれ。

幼少のころから霊的能力を持ち、神様より直接指導を受けてきた。未来予知、巨大宇宙船との遭遇、幽体離脱、神様との対話、霊達との対話など、不思議な体験の数々。その特筆すべき能力をいかし、現在スピリチュアル・カウンセラーとして活躍している。

また、神様より直接おろされた多大なるメッセージを伝えるため、講演会活動にゲストとして参加して、日本各地をまわっている。その講演会参加者より、体のつらい部分が楽になった等、数々の奇跡の体験が寄せられ、講演会リピーターが急増中。

最近では、講演会活動だけではなく、ラジオ番組のパーソナリティーを務めたり、オフィシャルブログを開設したりと多方面で活躍している。ラジオやブログを通して、多くの人々の悩みを聞き、解決の糸口へと導いている。

FM わっち 78.5MHz
『大森和代のいつもつながっているよ！　WATARASE トーク』

数々の奇跡が起こっていると読者からの反響が続々！

今話題の不思議なブログ『大森和代の WATARASE まっせ !!』

http://ameblo.jp/oomori-kazuyo/

●著書：
WATARASE シリーズ
―紀伊國屋書店新宿本店　週間ベストセラー１位を連続して獲得―

『WATARASE ―― わたらせ ――』（たま出版）
『あなたこそが救世主《メシア》　WATARASE ―― わたらせ ―― Vol. 2』（たま出版）
『一人じゃないよ、みんなつながっている　WATARASE ―― わたらせ ―― Vol. 3』（たま出版）

# らく〜に生きていいんだよ

## WATARASE——わたらせ——Vol.4

2013年7月18日　初版第1刷発行
2013年7月25日　初版第2刷発行

著　者　大森 和代
発行者　韮澤 潤一郎
発行所　株式会社 たま出版
〒160-0004 東京都新宿区四谷4-28-20
☎ 03-5369-3051（代表）
http://tamabook.com
振替　00130-5-94804
印刷所　株式会社 エーヴィスシステムズ


ISBN978-4-8127-0362-5　C0011